Julian Nida-Rümelin, Mattias Kumm,
Erich Vad, Albrecht von Müller, Werner Weidenfeld,
Antje Vollmer

Perspektiven nach dem Ukrainekrieg

Julian Nida-Rümelin, Mattias Kumm,
Erich Vad, Albrecht von Müller,
Werner Weidenfeld, Antje Vollmer

Perspektiven nach dem Ukrainekrieg

Europa auf dem Weg zu einer
neuen Friedensordnung?

Herausgegeben von der Parmenides Stiftung

HERDER

FREIBURG · BASEL · WIEN

Umschlaggestaltung: Verlag Herder GmbH
Satz: Röser MEDIA GmbH & Co. KG, Karlsruhe
Herstellung: GGP Media GmbH, Pößneck
Printed in Germany

ISBN (Print): 978–3-451–39524–6
ISBN (EPUP): 978–3-451–82942–0
ISBN (PDF): 978–3-451–82943–7

Inhalt

„Zu den Gefühlen, die uns der Krieg einflößt, gehört leidenschaftlicher Mitschmerz; denn die Greuel, die himmelschreienden Leiden, der er verursacht, gehen schon über die Grenzen des Erträglichen hinaus. Er nimmt ja täglich mit jeder neuen Heeresverstärkung, jeder neuen Erfindung an Fürchterlichkeit zu [...] All dem Elend muss man ins Gesicht sehen, aber nicht um es als Unglück zu beklagen, sondern als Schlechtigkeit anzuklagen! Denn es ist keine Elementarkatastrophe, es ist das Ergebnis menschlichen Irrwahns und menschlicher Fühllosigkeit."

Bertha von Suttner (*Bertha von Suttners letzter Brief an die deutschen Frauen*, 1914)

„Nicht der Krieg ist revolutionär, der Friede ist revolutionär."

Jean Jaurès

„Was wussten 1914, nach fast einem halben Jahrhundert, die großen Massen vom Kriege? Sie kannten ihn nicht, sie hatten kaum je an ihn gedacht. Er war eine Legende, und gerade die Ferne hatte ihn heroisch und romantisch gemacht."

Stefan Zweig (*Die Welt von gestern*, 1944)

Einführung

VON JULIAN NIDA-RÜMELIN

Dieses Buch geht auf einen intensiven Gedankenaustausch über die Perspektiven nach dem (Ukraine-)Krieg zurück: Werner Weidenfeld, Erich Vad, Albrecht von Müller und Julian Nida-Rümelin trafen sich am 16. Juni 2022 auf Einladung der Parmenides Stiftung. Schon in Interviews, Artikeln und mündlichem Austausch war zuvor deutlich geworden, dass die vier Gesprächsteilnehmer bei allen Unterschieden eines einte, nämlich ein großes Unbehagen angesichts der Tatsache, dass keine langfristigen, nicht einmal mittel- oder kurzfristigen Perspektiven für die Zeit nach dem Krieg in Deutschland, Europa oder den USA erkennbar sind. Im *Wall Street Journal* hat Henry Kissinger dieses Unbehagen am 15. August 2022 in einem Interview sehr deutlich zum Ausdruck gebracht: „Wir stehen am Rande eines Krieges mit Russland und China in Fragen, die wir zum Teil selbst verursacht haben, ohne eine Vorstellung davon zu haben, wie das Ganze enden wird und wozu es führen soll."

Die öffentliche Debatte hat sich sehr rasch nach dem Beginn des russischen Angriffskrieges am 24. Februar 2022 neu formatiert. Führende Vertreter einer Partei, die noch im Wahlkampf strikt jede

Waffenlieferung an die Ukraine abgelehnt hatte, warben nun für möglichst rasche und massive Waffenlieferungen und formulierten als Ziel einen uneingeschränkten Sieg der Ukraine über Russland. Die Vorsitzende des Verteidigungsausschusses im Deutschen Bundestag warnte davor, das Risiko eines Nuklearschlages oder gar einer Eskalation zum Atomkrieg zu berücksichtigen, denn damit spiele man dem Aggressor in die Hände. Der umsichtig agierende und sparsam argumentierende Bundeskanzler, der als Ziel ausgegeben hatte, einen Sieg Putins durch Unterstützung der Ukraine in enger Abstimmung mit den westlichen Partnern zu verhindern, ohne dabei selbst Kriegspartei zu werden, geriet unter massiven medialen Druck. Die Bereitschaft zu einer differenzierten Lageanalyse und sorgfältigen Klärung der Handlungsoptionen ist in Deutschland seit Ausbruch des Krieges einer zunehmenden Neigung zu vordergründiger Polemik gewichen.

Zur Neuformatierung des öffentlichen Diskurses gehört ein auffälliger Generationenkonflikt. Konservative Theoretiker und Praktiker, die oft über Jahrzehnte die diplomatische und sicherheitspolitische Praxis mitgestaltet haben,[1] äußern seit Jahren ihre Bedenken gegenüber einer Stabilitäts- und Sicherheitsaspekte vernachlässigenden Politik des Westens und sehen sich nun in ihren Warnungen bestätigt. Diejenigen, die erst nach 1990 politisch sozialisiert wurden, halten dagegen an der Idee einer westlich geprägten Weltordnung fest, die die USA und die NATO durch humanitäre Interventionen und Sanktionen, notfalls durch Militäraktionen gestalten. Die Erfahrung eines Jahrzehnte währenden Kalten Krieges,

---

1   In den USA z. B. George Kennan, John Mearsheimer oder der besagte Henry Kissinger, in Deutschland etwa Horst Teltschik oder Klaus von Dohnanyi.

in dem sich hochgerüstete Nuklearmächte gegenüberstanden und Konflikte wie die Kubakrise 1962 jederzeit zu einem heißen Krieg mit der Gefahr eines weltvernichtenden Atomkrieges eskalieren konnten, ist verblasst. An Bedeutung verliert wohl auch die Erinnerung an die mühsame und langwierige Einführung stabilisierender Elemente, die strategischen Abrüstungsverhandlungen in den 1970er Jahren, die doppelte Nulllösung in Europa für nukleare Mittelstreckenwaffen, das Bemühen um eine sicherheitspolitisch stabilere Ordnung in Zeiten eines tiefen, ideologisch unterfütterten Machtkonflikts zwischen zwei gegensätzlichen politischen und wirtschaftlichen Systemen, gegossen in die zwei Militärblöcke NATO und Warschauer Pakt.

Die aktuellen Gefahren für den Weltfrieden sind Folge einer einmaligen Konstellation dreier revisionistisch agierender Weltmächte: USA, Russland und China. Keine begnügt sich mit dem Status quo, jede strebt mit unterschiedlichen Mitteln, ideologischen Hintergründen, Interessenlagen und Zielen nach einer Veränderung des Status quo. China sieht sich als zweite zukünftige Supermacht in Konkurrenz und auf Augenhöhe mit den USA und versucht seinen Einfluss durch finanzielle und ökonomische Abhängigkeiten auszuweiten. Russland, obwohl ökonomisch im Vergleich zu den beiden Wirtschaftsgiganten USA und China schwach, möchte seinen Weltmachtstatus erhalten oder wiederherstellen und scheut vor Angriffskriegen und der militärischen Unterstützung von Sezessionsbewegungen in Nachbarstaaten nicht zurück. Der Westen betreibt mit militärischen Interventionen im Irak, in Afghanistan, in Libyen u. a. eine Regime-Change-Politik und versucht den Einfluss anderer Mächte in unterschiedlichen Weltregionen zurückzudrängen. Der Ukrainekrieg steht in diesem größeren geopolitischen Kontext, den man nicht ausblenden darf, wenn man sich ein realistisches Bild der Konfliktlage verschaffen will.

Dieses Buch enthält sechs Stellungnahmen zum Ukrainekonflikt und zu einer Zukunft nach dem Krieg aus unterschiedlichen disziplinären und politischen Perspektiven. Mattias Kumm erinnert an die völkerrechtlichen Ziele, die jeweils mit dem außenpolitischen Engagement und speziell dem Kriegseintritt der USA verbunden waren, und zieht daraus seine Schlüsse für die Perspektiven nach dem Ukrainekrieg. Erich Vad erörtert die Lage aus militärstrategischer Sicht. Albrecht von Müller diskutiert die Kriterien und Perspektiven einer stabilitätsorientierten Sicherheitspolitik nach dem Krieg. Werner Weidenfeld analysiert die fundamentalen aktuellen Herausforderungen für die Europäische Union. Julian Nida-Rümelin plädiert für eine ethisch fundierte Realpolitik als Antwort auf die Krise der europäischen Friedens- und Sicherheitspolitik. Und Antje Vollmer wirft einen Blick zurück auf den Protest von Politikern und Intellektuellen gegen die Verschärfung des Ukrainekonflikts im Jahre 2014 und erörtert, was man daraus für die Zukunft lernen kann.

Das Buch formuliert keine gemeinsame Position aller Autoren, es ist aber von dem gemeinsamen Ziel getragen, die Debatte zu versachlichen und der Dynamik der Konflikteskalation eine besonnene Politik entgegenzusetzen, die den Frieden nachhaltig sichert und eine tragfähige neue Sicherheitsarchitektur schafft. Die folgenden Überlegungen sollen als Anstöße für diese Debatte dienen.

Szenarien nach dem Krieg[2]

Der russische Angriffskrieg in der Ukraine stellt den Westen vor die Herausforderung, seine internationalen Beziehungen neu zu gestalten und eine Sicherheitspolitik zu entwickeln, die der neuen internationalen Situation angemessen ist. Die folgenden Texte sind Denkanstöße von sechs Autoren mit unterschiedlichen Expertisen und aus unterschiedlichen Disziplinen, die völlig unabhängig von institutionellen oder politischen Rücksichtnahmen versuchen, Orientierung zu geben.

Unabhängig davon, wann und wie dieser Krieg in der Ukraine beendet wird, muss die Außen- und Sicherheitspolitik des Westens darauf ausgerichtet sein, eine neue Stabilität zu erreichen, die die Wahrscheinlichkeit weiterer Kriegsausbrüche mindert, die Eskalation zum Weltkrieg bannt und die globale Kooperation im Interesse der Menschheit ermöglicht. Die Analyse der europäischen Herausforderungen muss dabei eingebettet sein in eine Analyse der möglichen globalen Entwicklungen.

Erstes Szenario: Neue rigide Bipolarität

Ein Szenario wäre, dass die verhängten Sanktionen gegen Russland und die Verschärfung der Konflikte in Europa zu einer neuen Lagerbildung weltweit führen. Die westlichen Staaten rücken, wie sich schon in den letzten Monaten abgezeichnet hat, stärker zusammen,

---

2 Dieser Text lag am 16. Juli 2022 zur Strukturierung des Gesprächs in der Parmenides Stiftung aus.

die Europäische Union entwickelt eine gemeinsame außen- und sicherheitspolitische Strategie und die transatlantischen Bande werden angesichts gemeinsamer Sicherheits- und Wirtschaftsinteressen gefestigt.

Auf der anderen Seite richtet sich die russische Handels- und Außenpolitik angesichts anhaltender westlicher Sanktionen und fehlender Kooperationsperspektiven neu aus, insbesondere nach China und Indien. China, der neue Wirtschaftsgigant, der in einigen Jahren das Bruttoinlandsprodukt der USA überholt haben wird und über eine weit größere wirtschaftliche Dynamik verfügt als Russland bei einer etwa zehnmal so großen Bevölkerungszahl, wird sich – angesichts der Alternativlosigkeit für Russland – dafür einen hohen Preis zahlen lassen. Das weitgehend selbständige Agieren Russlands als – im Selbstverständnis – zweite Supermacht wird ein Ende finden, die Rohstoffexporte Russlands werden der chinesischen Wirtschaftsdynamik helfen, Russland wird in wirtschaftspolitische Abhängigkeit von China und Indien geraten, während China durch ein enges militärpolitisches Bündnis mit Russland seine Supermachtambitionen leichter realisieren kann.

Im Extrem würde dies zu einer neuen Blockbildung – der Westen mit dem Kern des transatlantischen Bündnisses und der Osten mit dem russisch-chinesischen Kern – führen, wobei beide Blöcke bestrebt sind, sich unterschiedliche Bündnispartner in verschiedenen Regionen der Welt durch wirtschaftliche, finanzpolitische und militärstrategische Kooperationen zu sichern. Teile des globalen Südens werden versuchen, sich aus dem Machtkonflikt herauszuhalten, einen weitgehenden Neutralitätsstatus zu bewahren und von der Konkurrenz in Gestalt günstiger Konditionen für wirtschaftliche und finanzielle Zusammenarbeit zu profitieren. Je rigider die beiden Blöcke darauf drängen werden, sich so oder so zu bekennen und zu binden, desto bipolarer würde die neue Weltordnung. Von besonderem Interesse wird sein, wie sich die beiden besonders dynamischen Regionen der weiteren Zukunft, Indien und das subsaharische Afrika, verhalten werden. Beide Regionen sind von einer großen Bevölkerung geprägt, die weiter auf Jahrzehnte hinaus wachsen wird, beide Regionen haben das Potenzial zu einer nachholenden Entwicklung mit starker wirtschaftlicher Dynamik, beide sind bislang wenig geneigt, sich in der abzeichnenden Bipolarität auf eine Seite zu schlagen. Auch große Einzelstaaten wie Brasilien oder Indonesien werden möglicherweise versuchen, diesen Neutralitätsstatus durchzuhalten.

Wenn die westliche Handelspolitik den moralischen Imperativen folgt, die gegenwärtig in Bezug auf die Ukrainekrise und ihre Vorgeschichte formuliert werden, dass man also nicht mit Staaten Handel treiben könne (jedenfalls nicht in großem Umfang), die die Menschenrechte nicht achten und die keine Anstalten machen, durch wirtschaftliche Kooperation sich auch gesellschaftspolitisch an die Standards demokratischer Staaten anzunähern, dann ist eine lang anhaltende Phase der Deglobalisierung zu erwarten, die aller Voraussicht nach mit schweren Wirtschaftseinbrüchen im globalen Norden verbunden wäre, begleitet von steigender Arbeitslosigkeit, Insolvenzen, Verlust ganzer Branchen, im Osten mit der Abkoppelung von technologischem Know-how und den internationalen Finanzströmen und im globalen Süden mit zusätzlichem Hunger und Elend. Das Motto „Nie mehr Handel ohne Wandel" führt zwangsläufig zu einer Segregation der Weltwirtschaft in den einen Bereich demokratischer Staaten und den anderen Bereich der Autokratien, Diktaturen und totalitären Regime.

Eine neue Bipolarität der Weltordnung dieses Typs hätte insbesondere für die westliche Vormacht, die USA, aber auch für den gesamten Westen weitreichende Veränderungen zur Folge. Die Zeit humanitär motivierter Interventionen, die Zeit, in der die NATO teilweise versuchte, die Rolle eines Weltpolizisten zu übernehmen, wäre dann endgültig zu Ende. Beide Seiten müssten dann auf die Stabilität dieser bipolaren Ordnung achten, Provokationen, die den gegnerischen Block betreffen, vermeiden und Konflikte nur in der Peripherie zulassen.

Dies ist jedenfalls die Erfahrung des Kalten Krieges nach dem Zweiten Weltkrieg. Nach einer Phase der Instabilität unmittelbar nach dem Krieg, in der der Westen versuchte, ein Rollback gegenüber der sowjetischen Einflusszone zu organisieren, folgte eine Phase des Containments, die weitere Ausgriffe der Sowjetunion blockieren sollte, was im Falle der Kubakrise 1962 beinahe zum Dritten Weltkrieg geführt hätte. Dieses Schockerlebnis, wie rasch ein Kalter Krieg in einen heißen eskalieren kann, wurde durch Disengagement beider Seiten beigelegt (die Sowjetunion stationierte keine Raketen auf Kuba und die USA zogen ihre auf Russland gerichteten Raketen aus der Türkei ab) und ließ die Einsicht reifen, dass die beiden Blöcke sich paritätisch begegnen müssten und Abrüstungsschritte nur unter Bedingungen von Parität möglich sind. Dies hat dann in den 1970er Jahren zu den verschiedenen Abrüstungsverträgen geführt, die weniger in ihrer militärischen Substanz ausschlaggebend waren, sondern als wechselseitige Versicherung, dass man nicht an einer Eskalation des Konflikts Interesse hat und sogar bereit ist, trotz diametral entgegengesetzter Systeme – hier der Westen, dessen politisches System auf Menschenrechten und Rechtsstaatlichkeit beruht, dort der Osten, in dem mit dem Instrument einer kommunistisch geführten Kaderpartei diktatorisch und teilweise totalitär regiert wurde – kulturelle Kontakte zuzulassen und auszubauen, Sportereignisse gemeinsam auszurichten (die Nixon'sche Ping-Pong-Politik gegenüber China) und stabilisierende Elemente wie Backchannels, rote Telefone, wechselseitige Informationen bei Militärübungen etc. einzuführen.

Ab Ende der 1960er Jahre entwickelten sich daraus Züge einer sogenannten Entspannungspolitik, die der Architekt der Willy Brandt'schen Ostpolitik Egon Bahr unter das Motto „Wandel durch Annäherung" gestellt hatte. Mit der KSZE-Schlussakte von Helsinki 1975 entstand daraus eine Herausforderung für die kommunistischen Einparteiensysteme, die sich zunehmend mit zunächst noch politisch schwachen, oft unter dem Schutz der Kirchen agierenden Menschenrechtsgruppen auseinandersetzen mussten und diese etwa in Polen und zuvor in der Tschechoslowakei und noch früher in Ungarn brutal niederschlugen. Der Zusammenbruch des sowjetischen Herrschaftssystems hat unterschiedliche Ursachen, darunter auch die wirtschaftliche Ineffizienz der Zentralverwaltungswirtschaften, aber die Entspannungspolitik, der Ausbau von kulturellen und wissenschaftlichen Kontakten, auch der Ausbau von Handelsbeziehungen spielten neben der außenpolitischen Niederlage der Sowjetunion in Afghanistan eine wichtige Rolle.

Wenn es zu diesem Szenario kommt, das heißt zu einer Ost-West-Spaltung mit zwei ökonomisch und militärisch weitgehend gleichrangigen Blöcken, müsste es das oberste Ziel westlicher

Außenpolitik sein, den dann einsetzenden Kalten Krieg unter der Schwelle kriegerischer Auseinandersetzungen zu halten und dafür zu sorgen, dass Konflikte außerhalb der beiden Blocksysteme nicht zu einem Konflikt zwischen diesen werden. Die Erfahrung, dass unter den Bedingungen einer solchen Bipolarität Frieden nur durch Stabilität gesichert werden kann, müsste wieder Leitschnur werden. Das Ziel der Ausweitung von Bündnissystemen, der Versuch eines Regime Change in Ländern, die dem anderen Block angehören, das Begehren einzelner Länder, ihre Blockzugehörigkeit zu wechseln, wären unter diesen Bedingungen einer neuen bipolaren Weltordnung eine existenzielle Bedrohung für die Menschheit. Die mit dieser neuen Bipolarität einhergehende Deglobalisierung würde zumindest für eine längere Übergangsphase das Wirtschaftswachstum in Ost und West massiv dämpfen und zu wirtschaftlichen und sozialen Friktionen, auch zu humanitären Katastrophen führen. Zu vermuten ist, dass nach dieser Übergangsphase die wirtschaftliche Dynamik wieder einsetzt und sich auch die Länder des globalen Südens erholen, das gilt besonders für den Fall, dass es ihnen gelingt, von der Konkurrenz der beiden Blocksysteme zu profitieren.

Zweites Szenario: Ökonomisch moderierte Bipolarität

Das zweite Szenario geht ebenfalls davon aus, dass der russische Angriffskrieg in der Ukraine und anhaltende Sanktionen des Westens gegen Russland zu einer engeren wirtschafts- und sicherheitspolitischen Kooperation Russlands mit China führen werden. Im Unterschied aber zum ersten Szenario kommt es in diesem zweiten nicht zu einer umfassenden Deglobalisierung beziehungsweise Dichotomisierung der Weltwirtschaft. So wie es seit den 1970er Jahren mit dem damals noch spätstalinistisch-sowjetischen Herrschaftssystem Handelsbeziehungen gegeben hat, die sich teilweise sehr dynamisch insbesondere auf dem Rohstoffsektor entwickelten, so könnten insbesondere die beiden ökonomischen Supermächte USA und China ein Interesse daran haben, dass ihre gegenwärtige Verflechtung, die eine wechselseitig stabilisierende Wirkung für beide Ökonomien hat, nicht radikal beendet wird. Die Billigimporte aus China federn die prekären Verhältnisse der unteren Mittelschichten und Unterschichten in den USA durch preisgünstige Alltagsartikel ab und das Haushaltsbilanzdefizit der USA wird durch einen Außenhandelsbilanzüberschuss von China kompensiert, was allerdings dazu führt, dass China über wachsende Devisenreserven verfügt, während die US-Wirtschaft sich nur dadurch vom anhaltenden Außenhandelsbilanzdefizit weitgehend unbeeindruckt zeigen kann, weil der US-Dollar globale Leitwährung ist.

In diesem zweiten Szenario käme es dann zu einem schrittweisen Abbau wechselseitiger Abhängigkeiten. China wäre gezwungen, seine Technologieimporte aus dem Westen einzuschränken, die USA, aber auch die westeuropäischen Länder verlören chinesische Absatzmärkte, weil China unter diesen neuen Bedingungen verstärkt auf seine Binnenwirtschaft und die Stärkung der Kaufkraft setzen wird, eine Perspektive, die insbesondere für die deutsche Außenwirtschaft, die aggressivste und erfolgreichste der Welt, eine massive Umstellung erzwingen würde. Wenn diese Umstellung allerdings nicht abrupt, sondern über einen hinreichend gestreckten Zeitraum erfolgt, dann ist durchaus denkbar, dass die zu erwartenden neuen Absatzmärkte in Südasien und Afrika den Rückgang des chinesischen Absatzmarktes teilweise kompensieren werden. Chinesische Angebote würden auf diesen aufstrebenden und dynamischen Märkten mit europäischen und US-amerikanischen und denjenigen anderer Länder konkurrieren, was der wirtschaftlichen Dynamik im globalen Süden vermutlich zuträglich wäre. In diesem Szenario müsste sich allerdings die Außenwirtschaftspolitik von moralisierenden Standards wieder emanzipieren. Das Kriterium kann dann nicht sein, dass das betreffende Land demokratisch verfasst ist, zur Annäherung an westliche Standards bereit ist und die Menschenrechte achtet, sondern lediglich die Achtung gemeinsamer Umwelt- und Sozialstandards, auf die sich die Weltgemeinschaft oder jedenfalls die am Handel beteiligten Staaten geeinigt haben (Stichwort: Lieferkettengesetz). Um keine Konkurrenzverzerrungen heraufzubeschwören, müssten unter diesen Bedingungen verlässliche globale Institutionen ausgebaut und teilweise erst neu etabliert werden, die die Einhaltung der Regeln sanktionieren und diese fortentwickeln. Damit würden Außenhandelsfragen aus dem innenpolitischen Diskurs wenigstens zum Teil herausgenommen und die Anfälligkeit der Weltwirtschaft für Erschütterungen durch politische Interventionen verringert.

Drittes Szenario: Multipolarität

Im dritten Szenario würden die westlichen Sanktionen gegenüber Russland zwar zu einer Umstellung der Außenwirtschaft Russlands und einer stärkeren Ausrichtung auf Indien und China sowie

Länder der MENA-Region (Mittlerer Osten/Nordafrika) und auch des globalen Südens führen, es käme aber nicht zu einer russisch-chinesischen Blockbildung. Die Rivalität der beiden östlichen Supermächte bestünde fort. Russland würde sich auch aufgrund der negativen Erfahrungen im Krieg gegen die Ukraine auf die Stabilisierung seiner Machtstellung in Zentralasien und Osteuropa beschränken, das heißt darauf achten, dass Weißrussland sich nicht dem Westen zuwendet und auch andere Staaten und Regionen, wie der Kaukasus oder Georgien, nicht Mitglieder der NATO werden.

Aufgrund des anzunehmenden Rohstoffhungers der nahen Zukunft, der auch trotz der Dekarbonisierung anhalten wird, könnte Russland seine wirtschaftliche Entwicklung wieder stabilisieren und trotz anhaltender westlicher Sanktionen verbessern. Wenn es unter diesen Bedingungen zu einer neuen europäischen Sicherheitsarchitektur kommt, die auf der Basis von strategischer Stabilität und konventioneller Nichtangriffsfähigkeit den Ausbruch weiterer Kriege verhindert, wenn zudem der ideologische und teilweise auf die innenpolitischen Verhältnisse übergreifende Ost-West-Konflikt in Europa beendet wird, dann könnte eine europäische Kooperation unter den Bedingungen einer Sicherheitsarchitektur, die Russland einschließt, erwachsen. In diesem Szenario gäbe es auch die Möglichkeit, die offenbar dem französischen Präsidenten vor Augen steht, dass sich die Europäische Union auch außen- und sicherheitspolitisch emanzipiert und von den USA und dem transatlantischen Bündnis unabhängiger wird. Es ist allerdings anzunehmen, dass den Vereinigten Staaten diese Perspektive nicht genehm ist und sie diese durch Zusammenarbeit mit widerstrebenden europäischen Ländern, insbesondere im vormaligen sowjetischen

Herrschaftsbereich der heutigen EU, aber auch mit dem Nicht-EU-Land Großbritannien, konterkarieren. Ein solches – europäisches – Szenario würde voraussetzen, dass die Nuklearmacht Frankreich ihre Abschreckungsgarantie auf die gesamte Europäische Union ausdehnt, was nach aktuellem Stand der Dinge eher unwahrscheinlich ist. Schon plausibler wäre eine solche europäische Souveränität, wenn es zu einer sicherheitspolitischen Wiederannäherung Großbritanniens an die EU käme und auf US-Seite das Interesse an der transatlantischen Kooperation nachließe, wie es schon unter Obama und dann noch weit deutlicher unter Trump der Fall war.

Das multipolare Szenario hätte auch für andere Weltregionen den Vorteil, dass sie ihre eigenen Angelegenheiten ohne allzu große Rücksichtnahme gegenüber einem der beiden oder beiden Blöcken gestalten können. So könnte sich Indien zur wirtschaftlichen und technologischen Supermacht der Zukunft entwickeln, ohne im Spagat zwischen West und Ost Rücksicht nehmen zu müssen. Der Zwang zu überregionalen, kontinentalen Zusammenschlüssen wäre weniger ausgeprägt als in Szenario 1 und Szenario 2 und es ist nicht ausgeschlossen, dass die Dynamik der internationalen Beziehungen die noch bestehenden Blocksysteme einschließlich der NATO langfristig überflüssig macht.

Um jedoch einem Abgleiten in die globale Anarchie mit immer wieder ausbrechenden, auch kriegerischen Konflikten zwischen einzelnen Staaten vorzubeugen, wäre in diesem Szenario die Etablierung globaler Sicherheitsgarantien, verbunden mit einer wenigstens minimalen internationalen Rechtsordnung einschließlich eines allgemein akzeptierten internationalen Strafgerichts, unverzichtbar. Insbesondere die durch Nuklearmächte potenziell bedrohten Staaten müssten auf internationale Garantien setzen können, um die Dynamik weiterer nuklearer Aufrüstung weltweit zu stoppen.

Viertes Szenario: Globale Zivilgesellschaft

Völlig ausgeschlossen ist es nicht, dass das, was der Soziologe Ulrich Beck als „kosmopolitische Perspektive" beschrieben hat, an Dynamik gewinnt. Gemeint ist, dass durch das hohe und wachsende Ausmaß an Mobilität, ökonomischer Vernetzung, technologischer Zusammenarbeit, auch herausgefordert durch große Menschheitsaufgaben wie die Kontrolle des Klimawandels, die Bewahrung der Artenvielfalt, das Vorgehen gegen Überfischung und Vermüllung der Ozeane, die traditionelle Staatenwelt transformiert wird. Die Nationalstaaten verlieren nach unten an Autorität und Kompetenz in Gestalt von innerstaatlicher Dezentralisierung und sie verlieren an außenpolitischer Souveränität durch die Einbettung in globale Dependenzstrukturen und internationale Rechtsordnungen. Die zwischenstaatlichen Konflikte verlieren an Relevanz, wie sie auch in den sogenannten „neuen Kriegen" (Herfried Münkler) schon in der Vergangenheit nicht mehr die allein entscheidenden Konfliktakteure waren, und es entstehen neue Mehrebenensysteme der politischen Ordnung. Die Europäische Union wäre in diesem Szenario ein avantgardistisches Projekt, das vorwegnimmt, was in anderen Weltregionen nachgeholt wird, nämlich den Bedeutungsverlust der Nationalstaaten. Allerdings ist die europäische Entwicklung ambivalent: Führt sie zu einem neuen Superstaat, der die traditionellen

Nationalstaaten in ihren Funktionalitäten weitgehend ablöst, oder entwickelt sich die Europäische Union zu einer Rechtsordnung mit der Prädominanz nichtmajoritärer Institutionen, bereit, sich in eine globale Rechtsordnung einzufügen?

Unter sicherheitspolitischen Aspekten ist dieses vierte, durchaus noch utopisch anmutende Szenario entweder Albtraum oder Paradies. Albtraum, wenn die einzelnen Akteure in wechselnden Bündnissen Konflikte auch mit militärischen Mitteln austragen sollten, wie es etwa die Balkankriege teilweise charakterisierte. Warlord-Strukturen würden eine zivile Ordnung bedrohen oder gar unmöglich machen. Paradies, wenn mit dem Ende der nationalstaatlichen Struktur die Militarisierung der internationalen Beziehungen beendet würde. Wenn mit anderen Worten Konflikte, die es auch unter diesen neuen Bedingungen geben wird, prinzipiell nicht mehr unter Einsatz von militärischer Gewalt ausgetragen würden. Dies ist die Situation innerhalb der Europäischen Union. Der Einsatz von Gewaltmitteln bei Konflikten zwischen Mitgliedstaaten der Europäischen Union ist bislang kein einziges Mal vorgekommen und gilt heute als schlechterdings undenkbar. Diese Undenkbarkeit hängt nicht etwa mit struktureller Nichtangriffsfähigkeit zusammen oder dem militärischen Gleichgewicht der Kräfte, sondern ist ganz überwiegend normativ konstituiert. Das heißt, dass dieses Mittel der Politik, der Einsatz militärischer Gewalt, bei zwischenstaatlichen Konflikten innerhalb der Europäischen Union nicht mehr in Betracht kommt. Eine interessante Frage ist allerdings, warum diese (normative) Selbstverständlichkeit gilt und was ihre empirischen Bedingungen sind, aber auch, ob es denkbar ist, dass eines Tages diese Selbstverständlichkeit wieder verloren geht. Jedenfalls zeigt die Erfahrung mit der europäischen Integration, dass eine Staatenwelt ohne militärische Gewaltdrohung und Gewaltanwendung durchaus vorstellbar ist.

Fünftes Szenario: Demokratischer Friede (Kantian Peace)

Im Jahre 1795 veröffentlichte Immanuel Kant eine kleine Schrift mit dem Titel „Zum ewigen Frieden". Es handelt sich dabei nicht um eine philosophische Abhandlung, jedenfalls nicht auf den ersten Blick, sondern um den Entwurf eines Weltfriedensvertrages. Kant hatte offenkundig mehrere Jahre mit seiner Position gerungen. Tatsächlich legt es seine politische Philosophie nahe, dass nur ein Weltstaat den globalen Frieden sichern könne, denn die einzelnen Nationalstaaten sind souverän, sie haben gegensätzliche Interessen, leben also in dem, was seit Thomas Hobbes als „Naturzustand" bezeichnet wird. Im Naturzustand lässt sich der Friede aber mangels einer Zentralgewalt, die darauf achtet, dass bestimmte Regeln eingehalten und im Falle, dass diese Regeln gebrochen werden, diese sanktioniert werden, nicht aufrechterhalten. Man kann hier von den Hobbes'schen Herausforderungen der modernen Politik sprechen: Wenn Menschen nicht von Natur aus auf die Gemeinschaft angelegt sind, wenn sie eben keine *zoa politika* sind, wenn sie vielmehr als Individualwesen ihre eigenen Interessen verfolgen und im Zweifelsfall dafür Konflikte eingehen, dann ist eine staatliche Ordnung mit Zwangsgewalt und Gewaltmonopol erforderlich, um den zivilen Frieden zu sichern. Wenn man die Staatenwelt als eine Ansammlung von souveränen Akteuren, die jeweils ihr Eigeninteresse verfolgen, ansieht, dann scheint sich die Hobbes'sche Problematik weiter zu verschärfen, denn es ist nicht anzunehmen, dass Staatenlenker untereinander Bindungen entwickeln wie Menschen in der Familie oder der Nachbarschaft, sodass die bloße Verfolgung eigener, hier nationaler Interessen das Handeln bestimmt.

Kant lehnt jedoch einen Weltstaat unter anderem mit dem nachvollziehbaren Argument ab, dass dieser despotisch werden könnte und es dann kein Entrinnen mehr gäbe. Als Alternative entwickelt er einen Friedensbund und skizziert einen entsprechenden globalen Vertragsentwurf. Das zentrale Element ist die republikanische Verfassung aller Staaten. Zwar ist der Republikbegriff von Kant nicht vollständig mit dem modernen Demokratiebegriff identisch, aber wir können diese Differenz hier unbeachtet lassen. Entscheidend ist, dass nicht Fürsten über Krieg und Frieden freihändig entscheiden können, sondern dass es in letzter Instanz die Staatsbürger selbst sind, die darüber befinden. Zudem formuliert Kant eine Reihe von Vorkehrungen, die einen kriegerischen Konflikt verhindern sollen, etwa das Verbot stehender Heere, was man als eine Vorform der strukturellen Nichtangriffsfähigkeit verstehen kann: Verteidiger sind Angreifern gegenüber im Vorteil, wenn sie nicht mit einem Überraschungsangriff rechnen müssen.

Das im Vertrag gar nicht erwähnte normative Fundament des Friedensbundes allerdings ist der unauflösliche Zusammenhang zwischen Demokratie und Menschenwürde. Der menschlichen Person kommt eine menschliche Würde zu, sofern diese zur Autonomie befähigt ist, und das heißt, dass sie aus eigenen Gründen handelt beziehungsweise ihre Maximen so wählt, dass sie mit dem kategorischen Imperativ vereinbar sind. Andere Personen dürfen nicht zum bloßen Mittel eigener Interessenverfolgung werden. Der Respekt füreinander in der Demokratie, in Deutschland die Grundlage der Verfassungsordnung in Artikel 1 („die Würde des Menschen ist unantastbar"), weitet sich auf die Bürger anderer demokratischer Staaten aus, denn allein die Tatsache, dass Personen unterschiedlichen Staaten angehören, kann nicht zur Einbuße ihrer menschlichen Würde führen.

Obwohl es Hunderte von Kriegen seit den Lebzeiten Immanuel Kants weltweit gegeben hat, gab es tatsächlich noch nie einen Krieg zwischen zwei Demokratien. Alle Versuche, dieses Phänomen als bloße Nebenfolge anderer kausaler Zusammenhänge darzustellen, etwa wirtschaftliche Interdependenz, scheitern an den weltpolitischen Realitäten. So haben zum Beispiel die Balkankriege in einer Region mit sehr hoher wirtschaftlicher Interdependenz stattgefunden. Auch die These, dass es zwischen demokratischen Staaten keine Interessenkonflikte massiver Art gebe, ist abwegig. Selbstverständlich konkurrieren auch demokratische Staaten massiv um Absatzmärkte, Rohstoffe und Einflusszonen. Sie gehören auch nicht einem Kulturkreis an, wie man der Verteilung von Demokratien auf der Welt sofort entnehmen kann. Auch Japan und Indien sind Demokratien, ebenso Namibia und andere afrikanische Staaten. Im Übrigen ist kulturelle Nähe keineswegs ein Bollwerk gegen die Eskalation von Konflikten bis zum Krieg, wie man angesichts des russischen Angriffskrieges gegen die Ukraine auf das Bitterste bestätigt sieht.

Die These hat also ethische und empirische Plausibilität, dass eine Welt voll entwickelter Demokratien keine kriegerischen Auseinandersetzungen kennen würde. Diese Einsicht könnte nun dazu verführen, eine Politik des Regime Change zu verfolgen, wie es die USA jedenfalls mit dem zweiten Irakkrieg, auch in Ägypten, Libyen und Syrien, sogar in der Ukraine verfolgt hat. Diese Versuche können fast durchgängig als gescheitert angesehen werden und die Praxis der humanitären Interventionen, selbst dann, wenn es um massive Menschenrechtsverletzungen ging, die dadurch abgestellt werden sollten, ist meistens nicht von Erfolg gekrönt gewesen.

Die kantische Form der Friedenssicherung kann also nur darauf setzen, dass autokratische, diktatorische und totalitäre Staaten sich zu Demokratien entwickeln, und die Wahrscheinlichkeit dafür steigt, wenn die Verbreitung demokratischen Gedankenguts, demokratischer Initiativen und Bewegungen nicht von geopolitischen Interessen instrumentalisiert werden. Gerade dies war aber in der Vergangenheit regelmäßig der Fall.

Paradoxerweise ist es deswegen die Zurückhaltung westlicher Institutionen wie der NATO, der Europäischen Union, aber auch generell westlicher Staaten gegenüber internen Konflikten in Autokratien, Diktaturen und totalitären Staaten, die die Chance der friedlichen Ausweitung demokratischer Staatsformen erhöhen und damit der Verbreitung des kantischen Friedens dienen würde. Angesichts der innenpolitischen Verhärtungen, des Abbaus von Freiheitsrechten, der Einschränkung der Pressefreiheit, der Verfolgung von Dissidenten in zahlreichen Weltregionen scheint dieses Szenario der weltpolitischen Entwicklung gegenwärtig unwahrscheinlich. Allerdings zeigt die Geschichte seit dem Zweiten Weltkrieg, wie rasch sich Trends ändern können. Es ist durchaus denkbar, dass die gegenwärtige Phase des Demokratieabbaus und der Verhärtung autokratischer Regime wieder umschlägt und der Ausbreitung demokratischer Staatsformen weltweit Raum gibt. Westliche Demokratien sollten dies dadurch befördern, dass sie entsprechende Entwicklungen geopolitisch nicht instrumentalisieren.

Elemente einer neuen Weltordnung[3]

Interdependenz

Interdependenz ist keine Friedensgarantie, Interdependenz zum Beispiel durch wirtschaftlichen Handel führt nicht zwingend zum Wandel in autokratischen Staaten. Wandel durch Handel hat sich in der Geschichte der Menschheit selten realisieren lassen. Aber wirtschaftliche Interdependenz erhöht die Kosten kriegerischer Konflikte. Sie ist friedens- und sicherheitspolitisch wünschenswert. Zugleich können Sanktionen als nichtmilitärisches Mittel der Politik nur dann eingesetzt werden, wenn wirtschaftliche Interdependenz besteht.

Stabilität

Solange sich hochgerüstete Nuklearmächte mit teilweise gegensätzlichen Interessen gegenüberstehen, ist sicherheitspolitische Stabilität oberstes Gebot. Diese wird durch geopolitische Verschiebungen und Regime-Change-Politiken gefährdet. Die Ausdehnung von

---

3 Diese vier Elemente fanden am 16. Juli 2022 in der Parmenides Stiftung allgemeine Zustimmung.

Einflusszonen durch Stellvertreterkriege, militärische Interventionen und innenpolitische Interventionen muss in Zukunft von allen Seiten unterbleiben. Das imperialistische Vorgehen Russlands gegenüber seinen Nachbarstaaten, die in der Vergangenheit Teil der Sowjetunion waren, destabilisiert die Weltordnung ebenso wie die geostrategisch angelegte Ausdehnung US-amerikanischer Militärpräsenz oder die chinesische Praxis, Abhängigkeitsverhältnisse durch die Finanzierung und Erstellung von Infrastruktur und durch asymmetrische Handelsbeziehungen zu etablieren.

Internationale Rechtsordnung

In den vergangenen Jahrzehnten ist durch völkerrechtliche Verträge, Regeln des internationalen Handels, Vereinbarungen zum Klimaschutz sowie zum Arbeits- und Sozialschutz der Weg hin zu einer internationalen Rechtsordnung beschritten worden. Die aktuell eskalierenden Interessenkonflikte, insbesondere zwischen den drei Großmächten USA, China und Russland, gefährden dieses Projekt. Auffällig ist, dass ausgerechnet diese drei ständigen Vetomächte im UN-Sicherheitsrat (neben Großbritannien und Frankreich) sich der internationalen Strafgerichtsbarkeit entziehen und sich auf internationalen Konferenzen besonders unwillig zeigen, verbindliche Regeln zu akzeptieren.

Es ist für den Aufbau einer stabilen Weltordnung erforderlich, die großen Akteure einzubinden. Der wechselseitige Vorteil des internationalen Handels bietet einen Ansatzpunkt. Zudem treten die großen Menschheitsprobleme wie Klimawandel, Artenschutz,

Umweltzerstörung, Ressourcenlage, Hunger und Elendsbekämpfung, wachsende Ungleichheit immer stärker ins Bewusstsein der Weltbevölkerung. Auch die Großmächte können sich dem nicht entziehen. Die Bewältigung dieser Menschheitsprobleme ist aber im nationalstaatlichen Rahmen nicht möglich. Der Vorteil der gemeinsamen Bewältigung der Menschheitsprobleme überwiegt den Nachteil mancher Einschränkungen nationaler Handlungsfreiheit auch für die Großmächte.

Übergang

Um aus der aktuellen Phase wachsender Unordnung zu einer stabilen Weltordnung zu gelangen, müssen Strategien des Übergangs entwickelt werden. Eine wichtige Rolle wird dabei der Anreiz zurückgenommener Sanktionen bei erwiesener Kooperationsbereitschaft spielen. Die Phase der Missverständnisse und der daran anschließenden Sprach- und Kommunikationslosigkeit muss beendet und eine Phase der Klärung von Standpunkten und Interessenlagen mit nachfolgenden internationalen Verhandlungen folgen.

Wenn es selbst auf dem Höhepunkt des Ost-West-Konfliktes, in dem ein demokratischer Westen mit individuellen Freiheitsrechten und kapitalistischer Ökonomie einer stalinistischen Zentralverwaltungswirtschaft mit Einparteienherrschaft und massiver Unterdrückung von Dissidenten gegenüberstand, möglich war, Kontakt aufzunehmen und Kooperationen zu realisieren – Nixons Ping-Pong-Diplomatie gegenüber China, Willy Brandts Ostpolitik, die wechselseitige Anerkennung von Parität in den strategischen

Abrüstungsverhandlungen in den 1970er Jahren –, dann sollte dies unter den aktuellen weltpolitischen Bedingungen erst recht möglich sein.

Der Ukrainekrieg und die Zukunft der internationalen Rechtsordnung

VON MATTIAS KUMM

Krieg und die Struktur internationaler Ordnung

In seiner Regierungserklärung vom 27. Februar 2022, drei Tage nach dem Einmarsch Russlands in die Ukraine, sagte Olaf Scholz im Deutschen Bundestag: „Wir erleben eine Zeitenwende. Und das bedeutet: Die Welt danach ist nicht mehr dieselbe wie die Welt davor. Im Kern geht es um die Frage, ob Macht das Recht brechen darf, ob wir es Putin gestatten, die Uhren zurückzudrehen in die Zeit der Großmächte des 19. Jahrhunderts, oder ob wir die Kraft aufbringen, Kriegstreibern wie Putin Grenzen zu setzen." Diese Beschreibung bringt das Problem auf den Punkt. Was aber in dieser Erklärung und auch in den sich in den folgenden Monaten anschließenden Diskussionen frappierte, war das Fehlen eines Themas, das es eigentlich verdiente, mit im Zentrum der Debatte zu stehen.

Obwohl sich in der Gegenwart Krisen häufen und die Gefahr eines Krieges zwischen nuklear bewaffneten Großmächten so hoch ist, wie sie es seit den Höhepunkten des Kalten Krieges nicht mehr war, fehlt in der aktuellen Diskussion um den Ukrainekrieg eine auf Reform der bestehenden internationalen Ordnung ausgerichteten Perspektive. Die gesamte Diskussion im Westen erschöpft sich in Fragen, welche Waffen an die Ukraine geliefert werden sollen und wie scharf die Sanktionen gegen Russland sein sollten, um die Ukraine in die Lage zu versetzen, sich effektiver gegen den rechtswidrigen Angriff Russlands zu wehren, ohne dass der Krieg über die Ukraine hinaus eskaliert, wie viel Aufrüstung jetzt erforderlich sei und allenfalls noch wie viel Leiden den deutschen Bürgern zugemutet werden kann. Das sind wichtige und notwendige, aber letztlich nicht hinreichend tiefgreifende Fragen.

Die in der Gegenwart immer deutlicher hervortretenden Muster von erneutem Großmachtwettbewerb, Wettrüsten, Kriegen und Kriegsdrohungen sind nicht einfach tatsächliche Machtphänomene, die naturgemäß zu stark sind, um vom Internationalen Recht effektiv eingehegt zu werden. Die Struktur der bestehenden internationalen Rechtsordnung selbst spielt in der gegenwärtigen Konstellation eine ermöglichende, den neuen Großmachtwettbewerb nicht zähmende, sondern letztlich sogar provozierende Rolle. Die Struktur dieser Ordnung ermöglicht und unterstützt eine politische Dynamik, die diese Ordnung im Kern immer weiter aushöhlt und letztlich zerstört. Die Frage ist, welche Strukturmerkmale der bestehenden Ordnung es sind, die eine solche destruktive Dynamik des Großmachtwettbewerbs ermöglichen, und wie die internationale

Rechtsordnung reformiert werden müsste, um diese Dynamik zu unterbinden.

Die in den letzten Jahren immer wieder von westlichen Staaten beschworene „regelbasierte internationale Ordnung" ist die Ruine eines unvollendeten Projektes der Konstitutionalisierung der internationalen Rechtsordnung. Dieses Projekt hatte in Wilsons 14 Punkten 1918 seinen politischen Ausgangspunkt und fand in den Ideen und konkreten institutionellen Projekten der Roosevelt-Administration 1941–1945 einen vorläufigen politischen Höhepunkt, dessen ambitionierte Konturen im Laufe des Kalten Krieges in Vergessenheit gerieten und nach dem Kalten Krieg im Zuge der Globalisierung nur selektiv wiederbelebt wurden.

Im Folgenden soll dieser historische Hintergrund kurz nachgezeichnet werden. Zum einen soll es darum gehen, in diesem Rahmen eine Standortbestimmung vorzunehmen, bei der analytisch zentrale Begriffe und Kategorien gegenwärtiger Diskurse aufgegriffen und reflektiert werden. Wie wurde der Kampf zwischen Autokratie und Demokratie, so wie es die Biden-Administration auch infolge des Ukrainekrieges formuliert, bei der Entstehung der völkerrechtlichen Nachkriegsordnung gedacht? Was für eine Rolle spielt diese Unterscheidung bei der Rechtfertigung von Gewaltanwendung? Welche Rolle sollte sie hinsichtlich der Gestaltung von Handelsbeziehungen spielen? Welche Rolle spielt sie bei der tatsächlichen Ausübung von Gewalt und der Bereitschaft, sich für Gewaltanwendung vor internationalen Institutionen zu verantworten? Und was ist von anderen Stimmen der Gegenwart – zu denen auch, aber nicht nur Russland und China gehören – zu halten, die statt von einem Gegensatz zwischen Demokratie und Autokratie den Gegensatz von einer unipolaren und einer multipolaren Ordnung in den Vordergrund stellen und Hypokrisie und Doppelstandards des Westens beklagen? Aus diesen historisch-systematischen Reflexionen ergibt sich dann einerseits eine klarere Perspektive auf den gegenwärtigen Zustand der internationalen Rechtsordnung. Andererseits werden einige Eckpunkte für die Richtung und Struktur notwendiger Reformen der internationalen Rechtsordnung deutlich. Ziel ist es die Voraussetzung dafür zu schaffen, die Macht tatsächlich dem Recht unterzuordnen und dem Wettbewerb der Großmächte eine konstruktive Richtung zu geben.

„Making the World Safe for Democracy": Von Woodrow Wilson zu Franklin Delano Roosevelt

Während der Ukrainekrieg keinerlei ernsthafte Diskussion um eine grundlegende Reform der internationalen Ordnung hervorgebracht hat, war in der Geschichte des 20. Jahrhunderts der Eintritt der Vereinigten Staaten in den Ersten und Zweiten Weltkrieg jeweils Anlass für den Versuch, die internationale Rechtsordnung maßgeblich zu reformieren. Dahinter stand die Einsicht, dass große Kriege weder unvermeidbar sind noch jeweils nur als das Ergebnis kontingenter personaler oder geostrategischer Machtkonstellationen oder ideologischer Ausrichtungen begriffen werden können. Kriege werden auch durch die Struktur der internationalen Ordnung und die jeweils geltenden Normen ermöglicht. Eine Ordnung, die nur auf einem Gleichgewicht ansonsten ungebundener unabhängiger

Mächte beruht, wird Frieden nicht dauerhaft gewährleisten können. Umgekehrt kann eine angemessen strukturierte internationale
Rechtsordnung Kriege strukturell verhindern oder höchst unwahrscheinlich machen. Die Idee sowohl beim Eintritt der Vereinigten
Staaten in den Ersten Weltkrieg 1917 als auch beim Eintritt in den
Zweiten Weltkrieg 1941 war es, die strukturell-rechtlichen Bedingungen internationaler Ordnung so zu verändern, dass in Zukunft
die Möglichkeit großer Kriege ausgeschlossen sein würde.

Als die USA im April 1917 in den Ersten Weltkrieg eintraten,
taten sie es mit dem von Präsident Woodrow Wilson proklamierten
Ziel, „die Welt sicher für Demokratien zu machen". Dazu gehörte
nicht nur, der „Entente" mit demokratischen Ländern wie England
und Frankreich im Kampf gegen die Mittelmächte beizustehen.
Der Krieg müsse eine Transformation der internationalen Beziehungen mit sich bringen, an dessen Ende eine neue Friedensordnung stünde, die auf klare Prinzipien gegründet und durch internationale Institutionen operational gemacht und so in der Lage sein
würde, dauerhaft und zuverlässig den Frieden zu gewährleisten.
Konkret verkündete Wilson im Januar 1918 einen 14-Punkte-Plan,
auf dessen Grundlage Friedensverhandlungen stattfinden könnten. Neben dem Prinzip des Selbstbestimmungsrechts der Völker,
das allgemein die Grundlage zur Lösung territorialer Ansprüche
bilden sollte, sollte u. a. auch ein Völkerbund geschaffen werden,
innerhalb dessen Staaten potenzielle Konflikte diplomatisch lösen
und gemeinsam Entscheidungen fällen sollten. Wilsons Einfluss
in Paris nach dem Ende der kriegerischen Auseinandersetzung
war jedoch aus verschiedenen Gründen geschwächt. Das im Versailler Vertrag kodifizierte Ergebnis stellte weder eine konsequente

Implementation des Prinzips der Selbstbestimmung zwischen den Kriegsparteien (und erst recht nicht zwischen den Kolonialmächten und ihren Kolonien) dar, noch gelang es Wilson, innenpolitisch im amerikanischen Kongress die notwendigen Mehrheiten für den Beitritt zum Völkerbund zu organisieren. Das alte internationale Recht als „Jus Publicum Europaeum" mit der Idee eines Gleichgewichts der Mächte im Binnenverhältnis europäischer Nationen und von kolonialem Wettbewerb im Verhältnis zum Rest der Welt überlebte den Ersten Weltkrieg nicht. Aber die Geburt einer neuen Ordnung internationalen Rechts sollte nicht gelingen. Der Versailler Vertrag und die mit ihm versuchte Begründung einer neuen Ordnung erwies sich trotz einiger vielversprechender Innovationen im Detail als wenig mehr als ein glorifizierter Waffenstillstand, ein Interregnum, das nur 20 Jahre hielt, bevor mit dem deutschen Angriff auf Polen am 1. September 1939 in Europa der Zweite Weltkrieg begann.

Von erheblich größerer historischer Wirksamkeit und Bedeutung war das Projekt Roosevelts, eine neue Weltordnung nach dem Zweiten Weltkrieg zu schaffen. Der Beginn der öffentlichen Kampagne für eine solche neue Ordnung erfolgte zeitgleich mit Roosevelts Versuch, mit seiner berühmten „Four Freedoms"-Rede vor dem Kongress im Januar 1941 das amerikanische Publikum für den Eintritt der Vereinigten Staaten in den Krieg zu gewinnen. Das Einschwören des amerikanischen Volks auf Krieg und Verzicht ging einher mit der Artikulation der Grundidee einer neuen Weltordnung als Kriegsziel. Diese würde sich auf der universalen Anerkennung von vier Grundfreiheiten gründen: Die zwei klassischen negativen Freiheiten aus dem ersten Verfassungszusatz der US-Verfassung, Religionsfreiheit und

Meinungsfreiheit, wurden ergänzt durch die Freiheit von Not (Freedom from Want) und die Freiheit von Angst (Freedom from Fear). Diese Grundideen sollten auf internationaler Ebene durch Schaffung einer entsprechenden Menschenrechtsordnung, Wirtschaftsordnung und Sicherheitsordnung angemessen institutionalisiert werden. Dies begann noch während des Krieges in einem Prozess, der von der Atlantik-Charta über Bretton Woods bis nach San Francisco und zur Etablierung der internationalen Kernnormen und Institutionen der Nachkriegsordnung führte. Als am 2. September 1945 auch im Pazifik der Krieg mit der japanischen Kapitulation endete, war die UN-Charta schon seit Monaten ausgehandelt und trat wenig später am 24. Oktober 1945 in Kraft.

Drei Grundpfeiler der globalen Nachkriegsordnung

Das Roosevelt'sche Projekt lässt sich rekonstruieren als Versuch, eine globale Ordnung zu konstitutionalisieren, die auf drei Ideen ruhte, die jeweils nach angemessener Institutionalisierung verlangten.

Neuorientierung von Staatlichkeit: Externe und interne Selbstbestimmung

Die erste Kernidee war, dass die interne Struktur des Staates relevant für die Schaffung eines stabilen friedlichen internationalen

Systems sei. Ein imperialer, über Kolonien herrschender Staat, der intern die Menschenrechte seiner Bürger verletzt, so ging die Argumentation, wird auch eher geneigt sein, die Rechte anderer Staaten mit Gewalt zu verletzen. Während im klassischen Völkerrecht ein Staat lediglich durch die drei Kernelemente Staatsgebiet, Staatsvolk und Staatsgewalt formal als effektive territorial gebundene Machtform bestimmt wurde, wurde mit der Einführung des allgemeinen Prinzips der Selbstbestimmung in der UN-Charta die Struktur von Staatlichkeit in zweifacher Hinsicht normativ-rechtsförmigen Anforderungen ausgesetzt: Zum einen wurden extern Kolonialisierung und Kolonien diskreditiert, was folgerichtig zu einem sich global entfaltenden Prozess der Dekolonialisierung in der Nachkriegszeit und zu einem allmählichen Ende des klassischen europäischen Imperialismus führte. Zum anderen wurde die staatliche Gewalt intern normativ an Menschenrechte gebunden. Der Zweck des Staates sollte es nunmehr sein, Menschenrechte zu achten, zu schützen und zu realisieren. Die Ausrichtung auf Menschenrechte sollte die Selbstbestimmungspraxis der sich in Staaten organisierenden Völker anleiten. Mehr noch, mit der Ausarbeitung von Menschenrechtskatalogen im internationalen Recht wurde deutlich, dass die Gewährleistung von Meinungs- und Versammlungsfreiheit im Zusammenhang mit der Forderung nach regelmäßig durchzuführenden allgemeinen und freien Wahlen und der Garantie eines effektiven Rechtsschutzes im Wesentlichen die Institutionalisierung liberal-demokratischer Verfassungsstaaten verlangt. Damit knüpft das internationale Recht implizit an Immanuel Kants Forderung an, dass im Interesse eines ewigen, d. h. nicht nur vorübergehenden, auf einer Machtbalance beruhenden Friedens Staaten „Republiken" (gemeint war in heutiger Sprache: liberale Demokratien) sein müssten. Heute hat in den Politikwissenschaften die „democratic peace thesis" weitgehend Anerkennung gefunden: Liberale Demokratien führen tatsächlich grundsätzlich keine Kriege gegeneinander. Es war nur konsequent, wenn die Vereinigten Staaten als Besatzungsmacht darauf hinwirkten, dass sich die früheren Feindstaaten Deutschland (jedenfalls in den Westgebieten) und Japan als liberale Demokratien neu konstituierten.

Die Tatsache, dass Normen des Menschenrechtsschutzes – bis hin zum Gebot, liberal-demokratische Verfassungsstaaten zu errichten – völkerrechtlich verbindlich für Staaten sind, heißt aber nicht, dass diese Normen von mächtigen Staaten mit Gewalt gegen andere Staaten durchgesetzt werden dürfen. Es ist zwar richtig, dass die Biden-Administration sich auf der Seite des Völkerrechts wähnen darf, wenn sie allgemein von einem Kampf („struggle") zwischen demokratischen und autoritären Staaten spricht. Das Völkerrecht verlangt, dass Staaten liberale Demokratien sein sollen. Aber das Völkerrecht schließt grundsätzlich auch Gewalt als Mittel im Kampf um Demokratie und Menschenrechte aus. Gewaltausübung ist im internationalen Recht grundsätzlich kein rechtmäßiges politisches Mittel, auch wenn es der Rechtsdurchsetzung dienen soll. Die vielen im Kalten Krieg und in der Zeit nach dem 11. September von den USA initiierten und mit Hilfe von Geheimdiensten durchgeführten Regime-Change-Operationen sind – selbst in den Fällen, wo sie tatsächlich den Sturz des Diktators herbeiführen sollten – genauso völkerrechtswidrig wie die öffentlich propagierten militärischen Feldzüge mit dem Ziel, ein tyrannisches Regime zu beseitigen und Demokratie und

Menschenrechtsschutz zu bringen. Ein prinzipiell völkerstraf-
rechtlich verbotener und strafbarer Angriffskrieg bleibt ein solcher,
auch wenn er im Namen der Demokratie und Menschenrechte geführt wird. Der Kampf der Demokratien gegen Autokratien darf
nur dann die Form militärischer Gewalt annehmen, wenn es, wie
im Krieg zwischen der Ukraine und Russland, darum geht, dass
ein rechtswidrig angegriffenes Land sein Recht auf Selbstverteidigung ausübt, um den Angriff abzuwehren. Die rechtlich relevante
Unterscheidung in diesem Zusammenhang ist dann aber nicht
die zwischen autoritärem und demokratischem Staat, sondern die
zwischen rechtswidrig angreifendem und sich selbst gegen einen
solchen Angriff verteidigendem Staat. Eine Demokratie zu sein
oder im Interesse der Verbreitung von Demokratie zu handeln,
verschafft keine Privilegien hinsichtlich des Verbots der Gewaltanwendung und schließt auch nicht das Selbstverteidigungsrecht
eines rechtswidrig angegriffenen autokratischen Staates aus.

Schaffung einer global integrierten Wirtschaftsordnung

Die Schaffung einer global integrierten Weltwirtschaftsordnung
war der zweite Pfeiler der von Roosevelt initiierten neuen Weltordnung. Ein wesentlicher Grund für die Errichtung einer integrierten
Weltwirtschaft war sicherheitspolitisch. Eine globale Ordnung, in
der „freedom from fear" realisiert sein würde, müsste eine wirtschaftlich interdependente, verflochtene Welt sein. Roosevelt war
der Überzeugung, dass Konflikte in einer Welt, in der Handel vor-
zugsweise innerhalb imperial aufgeteilter Großräume stattfindet,

schwieriger friedlich zu lösen seien als in einer global integrierten interdependenten Wirtschaftsordnung. Eine interdependente Weltwirtschaft sollte dafür Sorge tragen, dass eventuell aufkommende Konflikte zwischen maßgebenden Mächten seltener „zero sum" sein würden, sondern strukturell friedliche Win-win-Lösungen bieten würden. Eine Welt, bestehend aus regional abgeschotteten oder nach Allianzen strukturierten Wirtschaftsräumen, ist eine Welt, in der aufkommende Interessenkonflikte mit größerer Wahrscheinlichkeit eine „Zero-sum"-Struktur aufweisen und damit Interessenkonflikte eskalationsträchtiger werden und die Ordnung instabiler wird.

In dieser Hinsicht sind gegenwärtige Entwicklungstendenzen hin zu einem „decoupling" zwischen den USA und China, zwischen Russland und Europa zusammen mit einem allgemeinen Trend zum Aufbau von Wertschöpfungs- und Handelsketten im Rahmen bestehender Allianzen („friend sourcing") eine Entwicklung, die zur Besorgnis Anlass gibt. Es ist ein Gebot politischer Klugheit, Sorge dafür zu tragen, dass ein demokratischer Staat nicht von einem autoritären Staat hinsichtlich lebenswichtiger Güter in Abhängigkeit gerät und er entsprechend darauf hinwirkt, dass die notwendige Infrastruktur und andere Voraussetzungen für eine Diversifikation von Lieferketten bestehen. Es ist zudem plausibel, einen Staat, der dabei ist, einen massiven Angriffskrieg gegen einen benachbarten Staat zu führen, solange die feindlichen Handlungen andauern, wirtschaftlich zu sanktionieren, um ihn zu schwächen. Es ist etwas anderes, Handelspolitik allgemein an anspruchsvollen moralischen Kriterien auszurichten und andere Staaten prinzipiell auszugrenzen oder massiv zu benachteiligen. Eine solche Politik ist nicht nur unklug, weil sie autoritäre Staaten, die ansonsten unter Umständen recht unterschiedliche Interessen haben, in eine Allianz gegen Demokratien treibt. Sie ist auch strukturell ein Rezept, das den Frieden unterminiert und Konflikte zu verschärfen geeignet ist. Schließlich scheitert sie häufig auch aus praktischen Gründen und gibt typischerweise Anlass zu allerlei Hypokrisien (mittelfristig kein Gas oder Öl aus Russland, aber bitte mehr Gas und Öl aus Saudi-Arabien oder den Emiraten!).

Natürlich standen bei der Schaffung einer neuen Weltwirtschaftsordnung nicht nur sicherheitspolitische Gründe im Vordergrund. Die Institutionalisierung eines rechtlichen Rahmens für einen relativ offenen Welthandel wurde auch deswegen verfolgt, weil Roosevelt glaubte, dass eine solche die internationale Arbeitsteilung begünstigende Weltwirtschaftsstruktur allgemein Wachstum und Wohlstand förderlich sei und somit dazu beitrage, „freedom from want" zu realisieren. Zudem war es natürlich auch im amerikanischen Interesse, in der Nachkriegszeit Absatzmärkte für in den USA produzierte Güter zu schaffen. Darüber hinaus gab damals nicht die Erwartung, dass Handel und Wohlstandsförderung notwendigerweise zu Demokratisierung führen würden. Diese Ideen wurden erst später einflussreich, um in der jüngeren Gegenwart nicht nur wegen Russland, sondern auch angesichts der Entwicklung Chinas wieder an Plausibilität zu verlieren.

Das allgemeine Gewaltverbot und das System kollektiver Sicherheit

Als dritter Grundpfeiler globaler Ordnung sollte das System kollektiver Sicherheit dienen. Ziel eines solchen Systems sollte es letztlich sein, größere Krieg zu vermeiden und Gewaltausübung allgemein rechtlich zu binden. Dieses System muss als gescheitert angesehen werden. Um das zu verdeutlichen, ist es hilfreich, die vier Kernkomponenten des Systems kurz zu beschreiben und zu analysieren.

Die erste Komponente und das normative Fundament der neuen Ordnung war das allgemeine Gewaltverbot, das in Art. 2 IV der UN-Charta kodifiziert wurde. Das Gewaltverbot sollte nicht nur imperiale Eroberungskriege ausschließen. Es sollte allgemein nicht mehr möglich sein, durch die Behauptung, die andere Seite würde ihre rechtlichen Verpflichtungen nicht einhalten, Rechtsdurchsetzung mit Gewalt zu verfolgen. Gewalt ist grundsätzlich nur im Falle der Selbstverteidigung gegen einen gegenwärtigen rechtswidrigen Angriff erlaubt oder wenn der UN-Sicherheitsrat selbst solche Maßnahmen anordnet oder autorisiert.

Dies ist der rechtliche Rahmen, der es erlaubt, die russische militärische Invasion der Ukraine ohne weiteres als rechtswidrigen Akt zu verdammen, während die Ukraine sich auf ein Selbstverteidigungsrecht berufen kann. Im Übrigen sind alle Staaten befugt (aber nicht verpflichtet), auf Verlangen der Ukraine nicht nur (leichte und schwere) Waffen zu liefern, sondern auch militärisch auf der ukrainischen Seite gegen Russland zu intervenieren. Auch nicht angegriffene Staaten haben das Recht, dem angegriffenen Staat beiseitezustehen und sich gegen den rechtswidrigen Angriff in Ausübung eines kollektiven Selbstverteidigungsrechts zu wehren. Sofern es zurzeit die Position der USA und der NATO ist, nicht direkt militärisch auf der Seite der Ukraine zu kämpfen, ist das kein Gebot des Völkerrechts. Es ist lediglich eine politische Position, die offen zu verkünden wahrscheinlich strategisch nicht klug ist (warum Putin hier Sicherheit geben?) und darüber hinaus das Bluten und Sterben den Ukrainern überlässt. Wie Putin hämisch aber im Kern zutreffend sagt: Der Westen ist bereit, die Ukraine bis zum letzten Ukrainer zu verteidigen. Mit der Befürchtung nicht nur einer geografischen Ausweitung des Kampfgebietes, sondern auch einer nuklearen Eskalation hat die Position dennoch einen zwar wenig heroischen, aber plausiblen politischen Grund. Tatsache jedenfalls ist, dass der Westen rechtlich mehr tun dürfte, als er zu tun gewillt ist. Nicht das Recht ist es, was ihn hindert, mehr zu tun.

Aber das rechtlich normierte Gewaltverbot allein reicht nicht aus. Die Erfahrung der Zeit vor dem Zweiten Weltkrieg hatte gezeigt, dass ein Verbot des Krieges allein wenig dazu beiträgt, Krieg tatsächlich zum Verschwinden zu bringen. Der Kellogg-Briand-Pakt von 1928, der Krieg verbot, wurde von allen maßgeblichen Mächten der Zwischenkriegszeit unterschrieben und doch befanden sich alle diese Mächte 15 Jahre später wieder im bis dahin größten Krieg der Weltgeschichte gegeneinander. Deswegen sollte es als zweiten Pfeiler des Systems kollektiver Sicherheit eine globale politische Instanz geben, die im Falle einer Gefahr für den Frieden oder eines Akts der Aggression durch qualifizierte Mehrheit rechtsverbindlich entscheiden können sollte, wie die internationale Gemeinschaft darauf reagiert. Es entstand der UN-Sicherheitsrat, dessen 15 Mitglieder mit qualifizierter Mehrheit (9 von 15 Mitgliedern) verbindlich für alle Mitglieder der Vereinten Nation entscheiden können, wie auf solche Situationen zu reagieren ist. Dabei ist allerdings von zentraler Bedeutung, dass die fünf permanenten UN-Sicherheitsratsmitglieder (die P5), die USA, China, Russland, Großbritannien und Frankreich, ein Vetorecht haben. Gegen ihren Willen kann der UN-Sicherheitsrat keine inhaltlichen Maßnahmen zur Regelung des internationalen Friedens und der Sicherheit treffen. Obwohl Roosevelt selbst offen war für die Idee eines Sicherheitsrates, in dem kein Staat ein Veto hätte, hielt er das Vetorecht letztlich für notwendig, um die Zustimmung Stalins und auch des US-Senats sicherzustellen. Da Russland als Rechtsnachfolger der UdSSR im Sicherheitsrat über ein Veto verfügt, spielte der UN-Sicherheitsrat wie schon in den Kernkonflikten des Kalten Krieges auch im Ukrainekrieg nur als Schauplatz diplomatischer Konfrontationen eine Rolle. Zwar kann die Generalversammlung einen aktiven politischen Part übernehmen, wenn der UN-Sicherheitsrat seiner Funktion wegen der Ausübung eines Vetorechts nicht gerecht wird. So verurteilte die Generalversammlung die Invasion Russlands in einer Resolution vom 2. März 2022 mit 141 zu fünf Stimmen bei 36 Enthaltungen. Aber Resolutionen der Generalversammlung sind nicht rechtsverbindlich, sodass die völkerrechtlich zulässige wirtschaftliche Sanktionierung Russlands wie auch jede militärische Unterstützung ohne rechtsverbindlichen Sicherheitsratsbeschluss letztlich im politischen Ermessen eines jedes Staates steht. Da das geostrategisch-politisch-militärische globale Konfliktgeschehen vor allem von konkurrierenden Mächten (und deren Allianzen und Vasallen) dominiert wird, die im UN-Sicherheitsrat ein Vetorecht haben, ist der UN-Sicherheitsrat in seiner bestehenden Form nicht geeignet, das zu leisten, was er Roosevelt'schen Vorstellungen zufolge leisten sollte.

Schließlich sollte als dritter Pfeiler des Systems die UN über eigene Streitkräfte verfügen, die ihnen von den Mitgliedstaaten per speziell zu verabschiedenden Verträgen überlassen werden sollten. Diese sollten ursprünglichen Planungen zufolge hinsichtlich Umfang und Anzahl von Mitteln so ausgestaltet werden, dass kein einzelner Staat ernsthaft glauben könnte, sich erfolgreich gegen die geballte UN-Militärmacht durchsetzen zu können. Diese Streitkräfte sollten unter dem Oberbefehl eines Military Staff Committee stehen, eines Gremiums, das unter dem Vorsitz des UN-Generalsekretärs auch die Joint Chiefs of Staff der Streitkräfte der P5-Staaten versammeln sollte. Dieses Gremium sollte unter der politischen Führung des UN-Sicherheitsrates die operative Leitung der beschlossenen Militäreinsätze vornehmen. Die Vorschriften der Charta der Vereinten Nation, die sich mit den eigenen Streitkräften befassen, blieben jedoch Makulatur, da die Mitgliedstaaten und insbesondere die P5 wegen der politischen Entwicklungen nach 1945 solche Verträge nie abgeschlossen haben. Wenn heute der Sicherheitsrat militärische Eingriffe autorisiert, dann wird die Durchführung dieser Eingriffe regelmäßig der Koalition derjenigen überantwortet, die willens und fähig sind, von der Autorisierung Gebrauch zu machen.

Diese Sicherheitsarchitektur sollte schließlich viertens durch zwei sich funktional ergänzende, aber verschieden ausgerichtete Gerichtsbarkeiten gestützt werden. Zum einen besteht im Rahmen der Pflicht, Streitigkeiten friedlich beizulegen, die Möglichkeit, den Internationalen Gerichtshof (IGH) anzurufen, der notfalls als unabhängige und überparteiliche Instanz Recht sprechen soll. Allerdings ist die Zuständigkeit des IGH wie auch schon die Zuständigkeit seines Vorgängers, des Ständigen Internationalen Gerichtshofs, anders als ansonsten rechtsstaatlich üblich, im internationalen Recht grundsätzlich beschränkt durch das Erfordernis der Zustimmung der Parteien. Wenn eine Konfliktpartei die Zustimmung zur Zuständigkeit des Gerichts weder allgemein noch hinsichtlich einer konkreten Streitsache erteilt hat, ist das Gericht nach allgemeiner Ansicht auch im Angesicht größter Ungerechtigkeit verpflichtet, sich für unzuständig zu erklären, und kann keinerlei Rechtsschutz gewähren. Ursprünglich bestand die Hoffnung, dass im Laufe der Zeit mehr und mehr Staaten sich der allgemeinen Zuständigkeit des IGH unterwerfen würden. Immerhin gingen die USA 1946 mit gutem Beispiel voran und Frankreich und Großbritannien als weitere P5-Staaten folgten. Heute hat von den P5 nur noch Großbritannien allgemein die Zuständigkeit des IGH anerkannt, und auch das nur mit gewichtigen Ausnahmen. Die USA widerriefen ihre Zustimmung, als sie 1984 von Nicaragua vor dem IGH verklagt und schließlich auch verurteilt wurden, dort einen rechtswidrigen Krieg zu führen. Frankreich hatte schon 1974 seine Zustimmung widerrufen, um Klagen wegen der Konsequenzen atomarer Tests abzuwehren. Eine solche Struktur bedeutet in der Praxis, dass ein Land, das von einem P5-Land gewalttätig in seinen Rechten verletzt wird, in der Regel seine Rechte nicht vor dem IGH oder einem anderen Gericht wird geltend machen können. Die Ukraine kann sich nicht einfach an den IGH wenden, um rechtsverbindlich feststellen zu lassen, dass Russlands Angriff rechtswidrig und Russland verpflichtet ist, Schadensersatz zu leisten, da Russland der Zuständigkeit des Gerichts für die Entscheidung dieser Fragen nicht zugestimmt hat. In diesem Fall ist es der Ukraine immerhin gelungen, den IGH wegen der Zustimmung, die Russland für Fragen der Interpretation unter der Genozidkonvention erteilt hat, einzubeziehen, aber solche zuständigkeitsbezogenen Hilfskonstruktionen sind nur begrenzt belastbar und erlauben es nicht, die eigentlich maßgeblichen Rechtsfragen klarzustellen und zu beantworten. Zweitens gibt es die Möglichkeit, dass ein Amtsträger sich persönlich strafrechtlich vor dem Internationalen Strafgerichtshof (IStGh) für internationale Straftaten zu verantworten hat. Allerdings besteht für den Straftatbestand des Angriffskrieges – den Tatbestand, der Wladimir Putin als Präsidenten Russlands am einfachsten zuzurechnen ist – die Zuständigkeit des IStGh nur, wenn entweder der UN-Sicherheitsrat den Fall an das Gericht verweist oder der Staat, dessen Amtsinhaber verfolgt werden soll, zugestimmt hat. Da Russland nicht Partei des IStGH ist und deshalb keine Zustimmung erfolgt ist und zudem im UN-Sicherheitsrat über ein Veto verfügt, stehen die Aussichten für eine strafrechtliche Verantwortlichkeit der russischen Führung eher schlecht.

Die Realität der bestehenden Ordnung internationalen Rechts: Der Machtkampf um unipolare oder multipolare Großmachtprärogativen

Die drei Grundpfeiler Roosevelt'scher Ordnungsvorstellungen weisen die internationale Rechtsordnung als eine liberale Ordnung aus, die ihren grundlegenden Prinzipien nach an konstitutionalistischen

Idealen ausgerichtet ist. Das Gewaltverbot, welches das System kollektiver Sicherheit flankieren soll, funktioniert nicht nur nicht. Ich werde unten ausführen, warum es effektiv eine Prärogative der Gewaltanwendung für entsprechend rechtlich privilegierte Großmächte begründet. Wer diese Prärogative im internationalen Recht ausüben darf und wie weit sie reicht, ist eine Frage, die im politischen Wettbewerb der Großmächte geklärt wird. Während nach 1990 die USA die einzige Macht war, die faktisch in der Lage war, die Prärogative für sich in Anspruch zu nehmen, sehen wir in der Gegenwart die Ambition Russlands und Chinas, selbst auch eine solche Macht auszuüben. Bei der Frage, ob die Rechtsordnung unipolar oder multipolar sein soll, geht es um den Kampf um prärogative Macht: wer sie ausüben darf und wie weit sie reicht. Dieser Kampf ist ein rein politischer Kampf, da das internationale Recht nur die Voraussetzungen für die Existenz prärogativer Macht schafft, deren Ausübungsmodalitäten aber ansonsten nicht bestimmt.

In seiner ursprünglich vorgesehenen Form setzt der UN-Sicherheitsrat ein kooperatives Verhältnis zwischen den P5-Großmächten voraus, das aber allgemein weder im Kalten Krieg noch in den letzten Jahrzehnten existierte. Nicht erstaunlich ist unter diesen Voraussetzungen, dass die Idee einer UN-Armee, die im Wesentlichen von den P5 gemäß mit den UN auszuhandelnden Verträgen aufgestellt werden sollte, nie realisiert wurde. Zudem bestand die Hoffnung, dass im Laufe der Zeit sich die allgemeine Jurisdiktion internationaler Gerichte, insbesondere des IGH, durchsetzen würden. Das ist aber, gerade in Hinblick auf die P5, eben nicht geschehen. Gerade die Mächte mit den höchsten Militärbudgets entziehen sich systematisch der gerichtlichen Verantwortung, indem sie der Jurisdiktion internationaler Gerichte hinsichtlich Fragen, die Gewaltausübung betreffen, ihre Zustimmung verweigern. Das gilt auch für den Internationalen Strafgerichtshof: Weder die USA noch China oder Russland sind dem Statut von Rom beigetreten. Wenn man dann noch berücksichtigt, dass es gerade die P5 sind, deren privilegierter Status als Nuklearmacht durch den NPT-Vertrag festgeschrieben wurde, erkennt man ein zentrales Strukturmerkmal dieser Ordnung: Eine mit Atomwaffen ausgestattete Großmacht, die im UN-Sicherheitsrat ein Vetorecht hat und sich hinsichtlich Fragen der Gewaltanwendung keinem internationalen Gericht unterwirft, kann rechtlich praktisch nicht zur Verantwortung gezogen werden. Umgekehrt sind diese Staaten aber nicht einfach nur rechtlich nicht zur Verantwortung zu ziehende Machtphänomene, sondern das Rechtssystem selbst festigt ihre privilegierte Position, etwa im UN-Sicherheitsrat oder als Parteien des Atomwaffensperrvertrags (NPT). Sofern es um Gewaltanwendung geht, lässt sich im Zusammenhang mit solchen Mächten von einer Rechtsordnung sprechen, die diesen Mächten Prärogativen einräumt.

Die Idee der Prärogative oder von prärogativer Macht ist historisch aufs Engste verbunden mit der Souveränität des Monarchen, die ihm in einer zunehmend durch das Recht begrenzten Welt dennoch ein durch die Prärogative bezeichneten Raum für rechtlich nicht gebundenes Handeln lässt. Die Prärogative hat im konstitutionalistischen Denken konstruktiv eigentlich keinen Platz. Als Rechtsfigur taugt der Begriff aber, um ernsthafte Defizite einer Rechtsordnung kritisch auf den Punkt zu bringen. Wenn unter Prärogative die Macht verstanden wird, ohne rechtliche Autorisation und gegebenenfalls auch gegen ansonsten geltende Normen nach eigenem Ermessen handeln zu können, ohne von der Rechtsordnung autoritativ sanktioniert werden zu können, erkennt das internationale Rechtssystem grundsätzlich die Prärogative der Gewaltanwendung von entsprechend rechtlich privilegierten Großmächten an.

Zur Illustration nur ein naheliegendes Beispiel: Wenn die USA nach dem 11. September 2001 nicht nur rechtswidrig Krieg gegen den Irak führen, sondern sich allgemein – im Übrigen auch heute noch – herausnehmen, im Rahmen von Drohnen- und Spezialoperationen unilateral auf dem Territorium anderer Staaten gegen deren Willen zu intervenieren, wann immer sie glauben Terroristen töten zu können, die von dem Heimatstaat nach Auffassung der Vereinigten Staaten nicht hinreichend verfolgt oder vielleicht sogar unterstützt werden, dann handelt die US-Regierung nicht nur völkerrechtswidrig, sondern macht sich prinzipiell auch nach internationalem Recht strafrechtlich verantwortlich, kann aber nicht zur Rechenschaft gezogen werden. Gleiches gilt, wenn eine US-Regierung im Rahmen des Kampfes gegen Terror offiziell Maßnahmen institutionalisiert, die sie nur dem Namen nach nicht „Folter" nennt, sondern in bester Orwell'scher Manier als „besondere Interrogationspraktiken" bezeichnet.

Alle diese Maßnahmen wurden mit Hinweis auf nationale, aber auch globale Interessen gerechtfertigt (erst „Saddam Hussein hat ein geheimes Massenvernichtungswaffenprogramm", dann später „the world is better off without Saddam Hussein"). Und es wurden auch rechtliche Rechtfertigungen geliefert, auch wenn kein unparteiisches, unabhängiges Gericht diese Rechtfertigungen für plausibel befunden hätte. Natürlich aber gab es kein internationales

Gericht, das Jurisdiktion über diese Fragen hätte beanspruchen können. Selbstverständlich wurden die Aktionen der USA im UN-Sicherheitsrat und in der Generalversammlung kritisch besprochen und zum Teil politisch verurteilt. Aber wegen des Vetos der USA konnte es keine Verurteilung im UN-Sicherheitsrat geben. In keinem Forum konnten die Handlungen der USA von der internationalen Rechtsordnung autoritativ als Rechtsverletzung festgestellt werden. Entsprechend gab es auch keine rechtliche Sanktion und die von den USA durch Gewaltanwendung geschaffene neue Situation wurde einfach als Ausgangspunkt für weitere Entwicklungen akzeptiert und hatte rechtlich keinerlei Konsequenzen. So funktioniert im internationalen Recht prärogative Macht.

Die Grenzen prärogativer Macht liegen dort, wo die strukturelle, nicht nur kontingente Unfähigkeit der Rechtsordnung, maßgebliche Verletzungen seiner Kernnormen zu sanktionieren, endet. Wie oben dargelegt, ist der Raum für prärogative Machtausübung gegeben für Staaten, auf die kumulativ die folgenden Bedingungen zutreffen: Sie haben ein Veto im UN-Sicherheitsrat, sind anerkannte Atommächte (idealerweise legitimiert im NPT-Vertrag) und unterliegen hinsichtlich der Gewaltanwendung keiner internationalen Gerichtsbarkeit, haben sich also weder dem IGH noch dem IntStGh unterworfen. Zurzeit sind es drei Staaten, die diese Bedingungen erfüllen: die USA, China und Russland.

Das lässt aber offen, wer prärogative Macht ausübt und wie weit sie reicht. Nach dem Kalten Krieg wurde die Ausübung prärogativer Macht weitgehend von den USA monopolisiert. Wenn heute von einem Wandel von einer unipolaren zu einer multipolaren Weltordnung gesprochen wird, geht es im Kern um neue Ansprüche von

Russland und China, selbst auch prärogative Macht auszuüben. Ob das gelingt, ist eine politische Frage.

Diese politische Frage wird einerseits durch das relative militärische und wirtschaftliche Gewicht der konkurrierenden Staaten bestimmt. Andererseits ist von Bedeutung, inwieweit es gelingt, andere Staaten davon zu überzeugen, durch Sanktionen und Waffenlieferungen die Ausübung prärogativer Macht zu vereiteln bzw. zum Scheitern zu bringen. Darum geht es gerade bei der Mobilisierung des Westens gegen Russlands Invasion in der Ukraine. Während die Mobilisierung des Westens bis jetzt zur Überraschung vieler erstaunlich gut gelingt, fällt noch etwas anderes auf: Es ist frappierend, dass es einen weitgehenden, in der oben erwähnten Resolution der Generalversammlung manifestierten Konsens in der Weltgemeinschaft hinsichtlich der Rechtswidrigkeit und Verdammungswürdigkeit russischer Aggression gibt. Aber einen entsprechenden Konsens hinsichtlich der Sanktionierung Russland gibt es nicht. Waffenlieferungen an die Ukraine und wirtschaftliche Sanktionen werden fast ausschließlich vom Westen und von Staaten unter dem nuklearen Schutzschild der USA getragen. Grund dafür sind nicht nur wirtschaftliche Interessen und Abhängigkeiten. Von zentraler Bedeutung sind auch eine in der außerwestlichen Welt weit verbreiteten Kritik westlicher Hypokrisie und der Vorwurf, mit verschiedenen Maßstäben zu messen.

Warum sollte man den eigenen Wirtschafts- und Handelsinteressen schaden, um Russland zu sanktionieren, wenn diejenigen, die Sanktionen verlangen, vorher selbst die Ordnung ebenso eklatant verletzt haben? Das Argument, dass es keine Äquivalenz gebe

z. B. zwischen den Taten der US-Regierung im Mittleren Osten im Rahmen des Antiterrorkampfes und den russischen Invasion in der Ukraine überzeugt außerhalb des Westens niemanden. Ja, US-lancierter Regime Change in Afghanistan, Irak, Libyen usw. richtete sich nicht gegen demokratisch gewählte und einigermaßen menschenrechtsfreundliche Regierungen, sondern gegen die Taliban, Saddam Hussein und Gaddafi usw. Selenskyjs Regierung in der Ukraine dagegen ist, wie immer man auch die Geschehnisse um den Maidan herum in 2014 bewerten mag, frei gewählt worden und bei aller Korruption und Diskriminierung von Teilen der russischsprachigen Bevölkerung nicht vergleichbar mit den geschassten Diktatoren im Mittleren Osten. Aber das ändert nichts daran, dass die US-geführten Aktionen im Mittleren Osten (und anderswo) in den Augen der Öffentlichkeit mit dem Makel der Rechtswidrigkeit befleckt sind und im Übrigen, was die Anzahl von Toten und Verletzten angeht, in einer Größenordnung lagen, die weit über das hinausgeht, was bis heute in der Ukraine geschehen ist. Wer hier keine Äquivalenz sieht, so könnte man meinen, weiß entweder nichts über die Zahl der Opfer dieser Kriege (in westlichen Medien hört man typischerweise nur die Zahl der auf der eigenen Seite Gefallenen) oder gewichtet ein weißes ukrainisches Menschenleben anders als ein arabisches. Insoweit ist es für weite Teile der Welt nicht offensichtlich, dass eine Welt, in der die USA die prärogative Macht monopolisieren, wirklich besser ist als eine multipolare Welt, in der es Gegengewichte gibt.

Wenn diese Sicht tatsächlich eine global verbreitete Perspektive plausibel rekonstruiert, sieht es nicht gut aus für diejenigen, die hoffen, den Status quo der globalen Ordnung, so wie er sich nach dem Kalten Krieg für etwa zweieinhalb Jahrzehnte lange darstellte, auch in der Zukunft zu erhalten.

Die Reform der internationalen Rechtsordnung: Konstitutionalisierung gegen prärogative Macht

Die Kernfrage sollte aber nicht sein, welche Großmacht prärogative Macht ausübt, ob diese Ausübung unipolar oder multipolar sein soll und wie weit sie reicht. Die Prärogative hat im konstitutionalistischen Denken nur als kritisches Analyseinstrument einen Platz und verweist auf zentrale Defizite der internationalen Ordnung. Die Domäne der Prärogative ist die Domäne, in der Macht vor Recht geht. Die Kernfrage sollte sein, wie die Konstitutionalisierung der Rechtsordnung vorangetrieben werden kann, sodass das internationale Recht den Raum prärogativer Macht immer weiter einschränkt und den Raum rechtlicher institutionalisierter Verantwortlichkeit auch des Handelns der Großmächte wachsen lässt.

Hier sollen nur drei offensichtliche Eckpunkte zentraler Reformen kurz genannt werden. Sie ergeben sich aus der obigen Analyse prärogativer Macht und sind vollkommen unoriginell. Jeder dieser Punkte ist in der wissenschaftlichen Literatur, aber auch in Vorschlägen von Thinktanks und NGOs mit einem weiten Spektrum an Vorschlägen konkretisiert, die aber bis jetzt keine hinreichende politische Resonanz fanden. Allgemein lässt sich sagen, dass nach dem Ende des Kalten Krieges die Reform der rechtlichen sicherheitspolitischen Infrastruktur vollkommen vernachlässigt bzw. im Interesse der Aufrechterhaltung prärogativer Macht unterminiert wurde. Die Entwicklungen der letzten Jahre und der sehr dunkle Horizont, der sich bei einer Extrapolation bestehender Entwicklungen auftut, sollte es eigentlich selbstverständlich erscheinen lassen, dass die Idee einer Zeitenwende sich auch auf die massive Reform der internationalen Ordnung ausrichten muss und sich nicht nur auf Aufrüstung und den Abbau wirtschaftlicher Abhängigkeiten beschränken kann.

Erstens muss der UN-Sicherheitsrat endlich so reformiert werden, dass er repräsentativer wird und die Ausübung des Vetos, wenn es überhaupt Bestand haben soll, maßgeblich prozedural eingehegt und inhaltlich begrenzt wird.

Zweitens soll in der Zukunft die Jurisdiktion des IGH und auch des IStGh nicht wie zurzeit von der Zustimmung der jeweiligen Staaten abhängen. Wenn es um die Verletzung von grundlegenden Normen der internationalen Ordnung geht, kann es nicht sein, dass sich ein verletzender Staat darauf beruft, der Jurisdiktion des IGH nicht zugestimmt zu haben. Zudem: Wer als permanentes Mitglied und Veto Akteur im UN-Sicherheitsrat besondere Verantwortung trägt, muss für seine Aktionen auch der internationalen Gemeinschaft gegenüber rechtlich zur Verantwortung gezogen werden können.

Drittens muss die nukleare Abrüstung globale Priorität gewinnen. Nukleare Waffen sichern keinen Frieden durch gegenseitige Abschreckung, sie machen den Wettbewerb um prärogative Macht offener und gefährlicher. Die russische Invasion in der Ukraine ist nur unter Bedingungen denkbar, in denen Russland mit der nuklearen Eskalation drohen kann. Es ist eine Schande deutscher und europäischer Politik, aus falsch verstandener Loyalität gegenüber den

USA – mit der löblichen Ausnahme der Niederlande als einzigem NATO-Staat – darauf verzichtet zu haben, überhaupt am Tisch zu sitzen, als der Atomwaffenverbotsvertrag verhandelt und dann mit 122 Stimmen verabschiedet wurde. Es ist auch beunruhigend, dass ein Ereignis wie die UNO-Konferenz zur Überprüfung des Atomwaffensperrvertrags, die wieder einmal zu Ende gegangen ist, ohne die Vereinbarung verbindlicher nächster Abrüstungsschritte und ohne dass die Parteien sich auf eine gemeinsame Abschlusserklärung haben einigen können, nur sehr begrenzt Aufmerksamkeit in der Öffentlichkeit findet und nicht zum Kristallisationspunkt für öffentliche Diskussionen und Demonstrationen wird.

Aber selbst wenn die hier vorgenommene Analyse zutreffend ist, ist die Richtung, die sie vorgibt, nicht gerade unter gegenwärtigen Umständen utopisch? Wie realistisch ist es, dass die USA, China oder Russland sich in der nahen Zukunft auf eine derartige sicherheitspolitische Konstitutionalisierung der globalen Ordnung einlassen werden? Auf den ersten Blick erscheint die Antwort einfach: Eine solche Erwartung hat etwas Utopisches. Genau das ist vielleicht der Grund, warum es ernsthafte politische Debatten, in denen die hier aufgeführten Perspektiven ausgelotet werden, praktisch nicht gibt. Die Frage ist aber, wie die Alternative aussieht, wenn man darauf verzichtet. Die implizit im Hintergrund stehende bequeme Vorstellung, dass man schon irgendwie so weiterwurschteln könne, schließlich sei man ja auch im Kalten Krieg damit über die Runden gekommen, ist die gefährlichste Illusion und die am wenigsten plausible Utopie. Sie kommt einem Schlafwandeln in die Apokalypse gleich.

Die dreipolige geostrategische Situation und die dynamische technologische Entwicklung destabilisierender Waffensysteme in einem Kontext demografisch-wirtschaftlich bedingter Machtverschiebungen erhöhen die Wahrscheinlichkeit von Fehlkalkulationen und Missverständnissen und machen ein neues einigermaßen belastbares Gleichgewicht des Schreckens unwahrscheinlich. Der analytisch brillante Realist Henry Kissinger beantwortete in einem Interview mit der *Financial Times* am 22. Mai 2022 die Frage, wie die gegenwärtige Gefährdungslage hinsichtlich nuklearer Worst-Case-Szenarien sich zu den Höhepunkten des Kalten Krieges verhalte, dunkel und kryptisch wie folgt: „Das Eigentümliche an der gegenwärtigen Situation ist, dass Waffen auf beiden Seiten massiv zunehmen, und ihre Komplexität und Wirkungskraft …. wächst mit jedem Jahr … aber es gibt praktisch keine Diskussion darüber, was passieren würde, wenn diese Waffen tatsächlich benutzt würden. Mein Appell ist es zu verstehen, dass wir in einer total neuen Ära leben und dass wir bis jetzt als Zivilisation glücklich davongekommen sind, all diese Sachen zu vernachlässigen. In der Zukunft wird sich die Bedeutung von Diplomatie und Krieg ändern müssen."

Die Aufgabe zukunftsverbürgender Politik ist es, den Abgrund ernst zu nehmen, um daraus die Energie und Kreativität zu mobilisieren, jene Entwicklungen, die überlebenswichtig sind, auch möglich zu machen und zu gestalten. Zu diesen Entwicklungen gehört eine ambitionierte Reform der internationalen Rechtsordnung. Diese muss darauf ausgerichtet sein, das unvollendete Projekt der Konstitutionalisierung der internationalen Ordnung wieder aufzugreifen, die prärogative Macht der Großmächte zu verringern und die kollektiven Handlungsmöglichkeiten der internationalen Gemeinschaft zu stärken.

Für Deutschland und Europa ist keine Zeit, sich wegzuducken und auf eigene Handlungsfähigkeit und strategische Ausrichtung zu verzichten. Wer, wenn nicht der alte, sich seiner ambivalenten Geschichte und seiner Werte bewusste Kontinent, wäre berufener, sich dieser Aufgabe zu stellen als mahnender Partner, vermittelnder Brückenbauer, aber auch als eigenständige Initiativen ergreifender Akteur? Ein Anfang wäre, auch und gerade in Deutschland, eine von einer solchen Perspektive angeleitete, ernsthafte Diskussion, aus der heraus sich ein entsprechend ambitionierter, konstruktiv ausgerichteter politischer Willen konkretisieren kann. Das wäre eine Zeitenwende, die den Namen verdient.

Gelernte Lektionen und strategische Perspektiven

VON ERICH VAD

Als 17-jähriger Schüler eines altsprachlichen Gymnasiums, dem ich in mancher Hinsicht meinen inneren Kompass zu verdanken habe, bekam ich beim Schmökern in einem Antiquariat ein Buch in die Hand. Es trug den ins Auge springenden Titel „Das Dogma der Vernichtungsschlacht". Geschrieben hatte es der israelische Historiker Jehuda L. Wallach. Er sollte ein paar Jahre später mein geschätzter Doktorvater werden zu einer Dissertation über die aktuelle Bedeutung von Clausewitz. Wallach schildert in „Das Dogma der Vernichtungsschlacht" die Entwicklung des deutschen militärstrategischen Denkens im 19. und 20. Jahrhundert, das sich immer mehr von Clausewitz' „Primat der Politik" entfernte. Schließlich, am Vorabend des Ersten Weltkrieges, hatten in Deutschland militärische Erwägungen den Vorrang vor politischen Lösungswegen erhalten. Das führte in die Katastrophe. Die damalige Außen- und Sicherheitspolitik war gänzlich militärischen Interessen untergeordnet worden.

Der mit dem Überfall Russlands auf die Ukraine am 24. Februar 2022 ausgelöste Ukrainekrieg und die Debatte darüber in Deutschland hat auch insofern bei mir einen Nerv getroffen.

Militärische Lösungen gibt es nicht

Russland führt fraglos einen völkerrechtswidrigen Angriffskrieg gegen ein Nachbarland, das kann seriös nicht infrage gestellt werden. Es ist richtig, dass der Westen auf Seiten der Ukraine steht und dem Land hilft, auch mit Rüstungsgütern und Waffen. Aber es muss an dieser Stelle festgehalten, ja betont werden: Dieser Krieg war seit Langem absehbar. Man hätte ihn verhindern können, wenn man es politisch gewollt hätte. Zur ganzen Wahrheit gehört auch: Der Ukrainekrieg ist ein Stellvertreterkrieg zwischen den USA und Russland um ihre jeweiligen geostrategischen Interessen in der Region. Er ist Ausdruck der Konkurrenz zweier geostrategischer Rivalen.

Beenden lassen sich Kriege nur politisch, nicht militärisch. Dies gilt umso mehr, als mit Russland die weltweit größte Nuklearmacht und eine der größten Militärmächte der Welt involviert ist. Gerade der diesjährige 77. Jahrestag des Atombombenabwurfs auf Hiroshima sollte eine Mahnung sein.

Dieser Denkansatz ist fast nicht sichtbar in der deutschen Debatte. Deutsche Politiker setzen wieder – wie die Generation unserer Urgroßväter – auf den militärischen Sieg. Sie wollen so gut wie ausnahmslos von politisch-diplomatischen Initiativen nichts wissen und sprechen stattdessen von „ultimativen militärischen Lösungen". Zu keinem Zeitpunkt des Ukrainekrieges war das realistisch.

Einige beklagen und warnen vor „Kriegsmüdigkeit" in Deutschland; sie „kämpfen" – freilich nur rhetorisch – für Siegesgewissheit und das gerechte Anliegen der Ukrainer. Historische Parallelen zur Appeasement-Politik der 1930er Jahre gegenüber Hitler werden bemüht. Man sollte mit historischen Vergleichen aber vorsichtig sein. Die Gefahr ist gegeben, dass der russische Überfall auf die Ukraine der Anfang von mehr sein könnte.

Wenn wir Geschichte zum Vergleich heranziehen, müssen wir auch an 1914 denken. Damals gab es eine ungehemmte Kriegsbegeisterung in Deutschland und in anderen europäischen Ländern, die mit zum Weltkrieg führte, diesen geradezu herbeisehnte. In Deutschland vertrauten – so wie heute mit Blick auf den Ukrainekrieg – viele auf militärische Lösungen. Nicht nur der Generalstab, auch die bürgerliche Mitte und die Intellektuellen – Max Liebermann, Gerhart Hauptmann, Max Planck und später auch Thomas Mann – bejahten die Kriegspolitik und die angebliche Einheit von Kultur und Militär.

Damals hatte Deutschland die stärkste Militärmaschine des Kontinents. Die meisten politischen Vertreter hatten Zeit in der Armee verbracht. Sie wären nicht, wie viele politische Protagonisten heute, auf die Idee gekommen, den Wehrdienst zu verweigern. Die Situation ist heute vollkommen anders: Wir haben eine bekanntermaßen nicht einsatzbereite Armee. Zudem gibt es in unserem Land abseits der medialen und politischen Kriegsrhetorik faktisch keine Wehrbereitschaft. Schließlich, das ist das Gravierendste: Die militärische Führbarkeit eines direkten Krieges gegen die Nuklearmacht Russland kann man aufgrund von deren Zweitschlagfähigkeit und damit gegenseitig garantierter Vernichtung ausschließen. Das sind trotz einiger Parallelen markante Unterschiede, die manche politische Protagonisten in bellizistischem Eifer ausblenden.

Wir müssen vielmehr, wenn wir auf unsere geschichtliche Erfahrung zurückblicken, sowohl die Zeit vor 1914 wie die vor 1939 zusammendenken. Wir müssten gelernt haben, dass ein ungerechter Friede wie der 1919 in Versailles geschlossene die Kriegswahrscheinlichkeit gewaltig erhöht. Das bedeutet für heute, dass man in der Ukraine einen Diktatfrieden jeder Art und von jeder Seite verhindern muss.

Wir haben auch gelernt, dass man im Krieg, der immer eine hochemotionale Angelegenheit ist, den möglichen Frieden danach nie aus den Augen verlieren sollte. Genau das aber machen wir, wenn wir in emotionaler Erregung dem Gegner in einem regelrechten Informationskrieg wie dem in der Ukraine das Menschsein absprechen, ihn für verrückt und krank erklären und schlussendlich mit Hitler vergleichen, ihn zum absolut Bösen stilisieren.

Natürlich darf Putin nicht imperiale Lust auf mehr bekommen. Es ist richtig, ihm das zu verwehren. Das wissen wir, das weiß die NATO. Deswegen fährt sie richtigerweise ihre militärische Abschreckung hoch, und wir liefern Waffen. Deswegen ist und bleibt das Ziel realistisch und vernünftig, eine totale Niederlage der Ukraine zu verhindern.

Politische Romantik ist gefährlich

Das darf aber nicht bedeuten, den politischen Diskurs in Deutschland auf Waffenlieferungen und Kriegsrhetorik zu fokussieren. Das wäre zu wenig. Die richtige Aussage ist nicht: Wir setzen militärisch auf einen Sieg der Ukraine über Russland, sondern: Wir unterstützen die Ukraine dabei, eine Niederlage und damit einen Diktatfrieden Putins abzuwenden. Damit bekämen wir einen Ansatzpunkt zu diplomatisch-politischen Verhandlungen. Dann könnte man einen Waffenstillstand aushandeln, der realpolitisch für beide Seiten annehmbar wäre. Er müsste die Rechte der Ukrainer und ihrer russischsprachigen Bevölkerung genauso ernst nehmen wie die Sicherheitsinteressen Russlands.

Fakt ist, Putin wird auch auf absehbare Zeit weiter an der Macht sein. Es ist unwahrscheinlich, dass er vom Militär oder von den Geheimdiensten weggeputscht wird. Ein Großteil der russischen Bevölkerung steht (leider) zu ihm. Die Wirtschaftssanktionen wirken sich nicht auf die Kriegführung aus. Sie scheinen auf kontraproduktive Weise die Einnahmen aus Gas- und Ölexporten sogar erhöht zu haben.

Der ehemalige amerikanische Präsident Obama hatte Russland als Regionalmacht bezeichnet. Das war und ist angesichts der Stärke Russlands als Militär- und Nuklearmacht sowie als weltweiter Rohstoffexporteur und sicherheitspolitischer Akteur so nicht zutreffend. Die Russen haben weltweit gezeigt, dass sie eine Weltmacht sind – und sein wollen. Aber die geostrategische Lage Russlands verschlechtert sich: Demografisch schrumpft die Bevölkerung, von rund 150 auf etwas über 100 Millionen. In puncto Manpower ist es unmöglich, mit den USA annähernd mitzuhalten – schon gar nicht mit China, wirtschaftlich erst recht nicht. Wenn auch noch die Öl- und Erdgasvorteile wegfallen, nimmt Russlands weltpolitische Bedeutung stark ab. Unter diesen Umständen zu postulieren, man wolle Russland militärisch besiegen und in die Bedeutungslosigkeit stürzen, ist politisch unklug: Es ist allein deshalb nicht möglich, weil das Land das mit Abstand größte Nuklearpotenzial der Welt hat. Wir müssen statt gut gemeintem politischen Wunschdenken behutsam den Abstieg Russlands als Weltmacht managen, und das ohne Weltkrieg. Es gibt tatsächlich keine realistische Alternative.

Erstaunlich ist angesichts des Ukrainekrieges der realitätsferne Altruismus in Deutschland. Hier zeigt sich wieder jene deutsche Hypermoral, die man oft im politischen Diskurs beobachten kann, wenn es um Krieg und Frieden geht. Bei der Debatte um eine deutsche Beteiligung am Kosovokrieg 1999, der schon einmal nach 1945 Grenzen in Europa mit militärischer Gewalt veränderte, mussten historisch und faktisch unhaltbare „Auschwitz-Vergleiche" herhalten.

Bei Rüstungsexportentscheidungen tat sich Deutschland in der Vergangenheit im Gegensatz zu den meisten Partnern im Bündnis immer sehr schwer; heute hingegen fällt es unreflektiert und bar jeder politisch mäßigenden Vernunft plötzlich ins andere Extrem. Als es in meiner Zeit im Kanzleramt darum ging, Tornado-Kampfflugzeuge nach Afghanistan zu entsenden, gab es Forderungen im Parlament insbesondere auf Seiten vieler heute kriegsbegeisterter Grünen, deren zum Selbstschutz der Besatzungen erforderliche 20-mm-Kanone unbrauchbar zu machen, damit man nicht in einen ungewollten Kampfeinsatz hineinschlittere. Später debattierte man in Deutschland darüber, ob in Afghanistan Krieg sei, während gleichzeitig deutsche Soldaten dort, erstmals seit 1945, kämpften und starben. Und dennoch vermied man es, von „Gefallenen" zu reden, um nicht politisch unliebsame Assoziationen auszulösen. Selbst zu kämpfen oder gar eigene Gefallene aushalten zu müssen, das geht bei vielen deutschen Zeitgenossen nicht. Wenn andere fallen – wie die jungen Ukrainer in ihrem Abwehrkampf gegen die Russen –, werden sie bejubelt.

Die ehemalige deutsche Enthaltsamkeit mit Blick auf den Einsatz der Bundeswehr scheint politisch überwunden zu sein, und das zu einem Zeitpunkt, an dem die Streitkräfte Deutschlands in einem nie da gewesenen schlechten Zustand sind. Trotz des Sonderfonds von 100 Milliarden Euro wird es Jahre dauern und übrigens weit mehr kosten, bis die Bundeswehr für die Landes- und Bündnisverteidigung einsatzbereit ist. Zeitweise fuhr, schwamm, tauchte und flog kaum etwas in unserer teuren und immer teurer werdenden Truppe.

Gesellschaftlich ist der Gedanke der Wehrmotivation, die im Fall des Ukrainekrieges auch von vielen früheren deutschen Wehrdienstverweigerern bejubelt wird, in Deutschland faktisch nicht vorhanden. Es gibt hierzulande kaum Bereitschaft, mit der Waffe in der Hand für das eigene Land zu kämpfen. Nach wie vor sind die meisten jungen Deutschen nicht bereit, freiwilligen Wehrdienst zu leisten. Weniger als 20 Prozent der Deutschen würden mit Waffengewalt das eigene Land verteidigen, am allerwenigsten die politischen Anhänger der Grünen. Während wir unsere eigenen Soldaten vorrangig als uniformierte Streetworker, Brunnenbohrer und Pandemiebekämpfer in vergleichsweise ungefährliche Auslandseinsätze entsandten und uns in Mali oder früher in Afghanistan weitgehend von anderen Partnern schützen ließen, feuern wir die Ukrainer an, die für ihr Land kämpfen. Letztlich hat die Ukraine mit Hilfe des Westens militärisch nur eine Chance, wenn sie sich in einen langjährigen Abnutzungs- und Guerillakrieg begibt, der – neben der jederzeit möglichen Eskalation zu einem Weltkrieg – das Land verwüsten würde.

Deutschland braucht sicherlich eine Zeitenwende, wie Bundeskanzler Scholz ausführte. Wir müssen herauskommen aus dem alten strategischen Denken, das da lautete: Unsere Sicherheit kaufen wir in den USA, die Energie billig in Russland und den Wohlstand in China. Zeitenwende heißt, dass sich Deutschland grundsätzlich neu orientieren muss.

Wir müssen aufhören, im politischen Diskurs um Krieg und Frieden von einem Extrem ins andere zu verfallen und unsere vermeintliche moralische Prinzipienfestigkeit über jede realpolitische Vernunft zu setzen. Altkanzler Helmut Schmidt hat einmal in einem Gespräch mit Angela Merkel, bei dem ich dabei war, die Deutschen als emotional sehr wankelmütig und als regelrecht „gefährdetes Volk" bezeichnet. Oft muss ich bei der Diskussion über den Ukrainekrieg an diese Aussage zurückdenken, die ich in ihrer Tragweite unterschätzte. Helmut Schmidt plädierte nicht zuletzt aus diesem Grund häufig für politische Vernunft und Realpolitik, von der in der Debatte um den Ukrainekrieg nur selten etwas zu verspüren war und ist. Bedenken hinsichtlich der militärischen Risiken und Folgen, die negativen wirtschaftlichen, sozialen und politischen Auswirkungen auf das eigene Land, wurden und werden weitgehend ausgeklammert.

Was mich irritiert, ist diese Politik aus vermeintlich reiner Gesinnung unter Ausklammerung der Folgen, ohne jede Strategie, die vom Ende her denkt, und unter Hintanstellung von Verantwortung für das eigene Land.

Dazu wird Putin mehr oder weniger als Inkarnation des Bösen dargestellt, gegen den man nur noch Krieg führen könne, mit dem man nicht mehr reden dürfe. Dass diese vermeintlich fundamentalistische Klarheit das Ende jeder Realpolitik ist und unweigerlich früher oder später in die Kriegsbeteiligung führt, die man nicht will, ist Ausdruck politischer Unvernunft. Entsprechend erinnern Reisen westlicher Politiker nach Kiew eher an Haltungsbezeugungen als an ernsthafte politische Missionen.

Das Umschlagen von jahrzehntelanger pazifistischer Taubenmentalität zu kampf- und kriegsbereitem Falkenauftreten ohne jede Kenntnis von Krieg – so etwas stimmt sehr bedenklich. Ich bin für fast jede Unterstützung der Ukraine, politisch wie militärisch, aber sie darf nicht zur Selbstzerstörung führen. Manche politischen Protagonisten blenden diesen Gedanken einfach aus.

Ich kann mir diese Wandlung psychologisch nur als eine Art Übersprungshandlung erklären. Viele Deutsche scheinen das Thema Gewalt und Krieg verdrängt zu haben und fallen – unter Druck gesetzt von dem Überfall Russlands auf die Ukraine – von einem gesinnungsethischen Extrem ins andere. Insofern ging es im emotional stark aufgeladenen politischen Diskurs oft nur um einseitige Parteinahme, um klare Haltung und Positionierung. Wer versuchte, über den Parteien des Krieges zu stehen, wurde und wird der Parteinahme zugunsten des Aggressors bezichtigt. Ich habe es selbst mehrfach erlebt, wenn Talkrunden Gefahr liefen, zu Tribunalen zu werden. Es ging nur sehr wenig um ausgewogenes Abwägen und das Suchen nach gangbaren politisch-diplomatischen

Lösungswegen aus dem Krieg. Dabei liegt der rationale Sachverhalt klar auf dem Tisch und Helmut Schmidt hätte ihn, wenn er noch lebte, wie folgt auf den Punkt gebracht: Wenn Sie es mit einer Nuklearmacht zu tun haben, ist Krieg keine rationale Option mehr. Im Konflikt mit einer Nuklearmacht von einem möglichen militärischen Sieg zu sprechen, ist realitätsfremd. Wer hier siegreich sein will, stirbt als Zweiter.

Wenn jetzt deutsche Politiker davon sprechen, dass Russland in der Ukraine militärisch besiegt werden müsse, dann ist das keine vernünftige Realpolitik. Das Gleiche galt und gilt für die berechtigt und schön klingende Forderung nach einem „sicheren Himmel über der Ukraine", militärisch gesprochen, nach einer „Flugverbotszone". Es gilt auch für die Forderung nach immer mehr, nach größeren, schwereren Waffen. Diese und ähnliche oft erhobene Forderungen politischer Vertreter haben das Potenzial, uns zur Kriegspartei zu machen und in einen Dritten Weltkrieg zu führen.

Man kann nur mit den Worten von Kurt Biedenkopf hoffen, dass sich „die Wirklichkeit irgendwann durchfrisst" und dass dann das Ankommen auf dem Boden der Realität nicht zu hart wird.

Man muss aber auch einsehen, dass europäische Politiker eigentlich kaum Entscheidungsspielraum haben. Die Schlüssel für Krieg und Frieden lagen von Anfang an und liegen weiterhin in Washington, Moskau und auch in Peking. Auch angesichts dessen wirkt jede Kriegsrhetorik in Deutschland sehr fragwürdig. Der laufende Stellvertreterkrieg lässt den Europäern weitgehend nur die Wahl zwischen einer Zuschauer- und einer Helfershelferrolle. Als eigenständiger sicherheitspolitischer Akteur zeigt sich die EU nicht. Die hehren Worte Mario Draghis und anderer, die Ukrainer verteidigten die Freiheit Europas, sollen verdeutlichen, dass die Ukrainer stellvertretend für die Europäer gegen Russland kämpfen. Aber bedeutet das nicht in der Konsequenz, dass wir selbst in den Krieg zu ziehen hätten, in den wir aber politisch nicht ziehen wollen und vor allem auf Jahre hin: nicht können – mit Blick auf die mangelhafte Wehrmotivation und den desolaten Zustand der Bundeswehr? Es ist auch ein Stück weit verlogen, die Opferrolle der jungen ukrainischen Kämpfer dankend anzunehmen, ihnen aber lediglich mit vollmundiger Kriegsrhetorik und Waffenlieferungen beizustehen.

Strategische Interessenlagen müssen berücksichtigt werden

Wir haben unzählige und vielfältige Kulturen in Deutschland, aber sicherlich keine strategische Kultur. In der Debatte um den Ukrainekrieg spielen hierzulande strategische Gesichtspunkte kaum eine Rolle. Auch fehlt jede europäische Vision und Strategie des künftigen Umgangs mit Russland, das ja nach dem Ukrainekrieg nicht einfach von der Bildfläche verschwindet.

Wir haben das simple Faktum ausgeblendet, dass die Ukraine unmittelbar an Russland grenzt und nicht nur aus historischen Gründen Teil seiner strategischen Interessensphäre ist. Das war schon früh klar: Auf dem NATO-Gipfel 2008 in Bukarest, an dem ich mit der damaligen Bundeskanzlerin Angela Merkel teilnahm, verhinderte Deutschland ein schnelles Aufnahmeprozedere der Ukraine in die NATO, im Wesentlichen mit Blick auf die innere

Verfasstheit der Ukraine und auch deshalb, weil Angela Merkel wusste, dass damit die rote Linie Russlands überschritten worden und es in der Konsequenz zu einem Krieg gekommen wäre. Im Falle Georgiens wurde dieser noch im selben Jahr geführt. Damals hat die NATO die strategische Interessenlage richtig beurteilt, indem sie sich der deutschen Auffassung angeschlossen hat.

Allerdings war der damalige Kompromiss des Aufrechterhaltens der Perspektive einer späteren Mitgliedschaft der Ukraine in der NATO ein Fehler. Es gab und gibt kein Souveränitätsrecht eines Landes auf NATO-Mitgliedschaft. Diese Beitrittsperspektive war und ist zudem mit Artikel 10 des NATO-Vertrages nicht kompatibel, da sie die Sicherheit des Bündnisses eher gefährdet als fördert. Zudem befeuerte sie das russische Narrativ von der bedrohlichen NATO-Osterweiterung. Sie trug später zudem nicht unwesentlich zur Besetzung der Krim 2014 und zum völkerrechtswidrigen Überfall Russlands auf die Ukraine am 24. Februar 2022 bei.

Die Schwarzmeerregion ist vergleichbar mit der strategischen Bedeutung der Karibik oder der Region des Panamakanals für die Sicherheit der USA, unseres wichtigsten westlichen Verbündeten. Das ungeschriebene Gesetz der Außenpolitik der USA ist und bleibt die Monroe-Doktrin des frühen 19. Jahrhunderts mit ihrem weiterhin aktuellen Leitprinzip „Amerika den Amerikanern". Die Kubakrise 1961/62 und die vielfältigen Interventionen der USA in Lateinamerika während der letzten Jahrzehnte – man denke nur an Grenada 1983 oder Panama 1989 – sind nur vor diesem Hintergrund zu verstehen. Ich kritisiere das nicht und fühle mich in der westlich-transatlantischen Welt mit den USA wohler als unter russischer oder chinesischer Herrschaft.

Die strategischen *facts* and *figures* bleiben Teil der internationalen Beziehungen und sollten in jeder politischen Lageanalyse nicht außer Acht gelassen werden. Wenn eine Macht in einer anderen strategischen Interessensphäre interveniert, gibt es von diplomatischem Ärger bis hin zu realen Konflikten vieles, was im Extremfall zu einem Krieg führen könnte.

Das gilt beispielsweise für das NATO-Mitglied Türkei, das in Syrien und im Irak militärisch interveniert und parallel zu dem russischen Überfall auf die Ukraine und etwa im gleichen Zeitraum Krieg gegen die Kurden führt. Auch die Türkei reklamiert für ihre strategischen Interessen – Völkerrecht und territoriale Integrität seiner Nachbarländer hin oder her – eine strategische Sicherheitszone in Syrien und im Irak. Die Türkei wird ein freies Kurdistan aus diesen Gründen niemals dulden. Die Türkei hat auch einen strategischen Interessenkonflikt in der Ägäis mit Griechenland. Wenn beide Länder nicht in der NATO wären, hätte dieser Konflikt sich längst in einen Krieg ausgeweitet.

China geht es um die strategische Vorherrschaft im Südchinesischen Meer. Wie eine Perlenkette verbindet das US-geführte maritime Containment Chinas faktische und potenzielle amerikanische Verbündete von Japan über Südkorea, Taiwan, die Philippinen, Vietnam, Malaysia, Indonesien, Singapur bis Indien. Die laufenden Territorialkonflikte Chinas mit Japan, Taiwan, Vietnam, den Philippinen und Malaysia um einzelne Inselgruppen im Südchinesischen Meer muss man in diesem größeren Kontext sehen. Das Südchinesische Meer verbindet den Pazifik und den Indischen Ozean. Aus geostrategischer und ökonomischer Sicht mit Blick auf die Öl- und Gasvorkommen bleibt den Chinesen aus strategischen Gründen kaum eine andere Wahl, als hier beinhart zu bleiben – ähnlich wie die Russen mit Blick auf die Krim und das Schwarze Meer oder etwa die USA mit Blick auf die Karibik. Das gilt auch für die strategische Position Taiwans. Es ist für China die Tür in den Pazifik. Das wissen auch die Amerikaner nur zu genau, und wenn sie diese strategischen Faktoren außer Acht ließen, führte das unweigerlich in einen militärischen Konflikt.

Während der Ukrainekrieg tobt, geht es im jahrelangen jemenitischen Bürgerkrieg im Kern um einen Stellvertreterkrieg zwischen dem machthungrigen Iran und Saudi-Arabien, das von den USA aus geostrategischen Gründen unterstützt wird – trotz seiner diktatorischen Regierung, massiven und systematischen Menschenrechtsverletzungen und mittlerweile über 400.000 toten Zivilisten.

Indien wird von den USA strategisch gebraucht im Containment gegen China. Deswegen sind hier die engen militärtechnologischen und wirtschaftlichen Beziehungen und die laufenden Energielieferungen Russlands aus strategischer Sicht sekundär und es ist folgerichtig, dass den Deutschen erlaubt wird, über Indien wesentlich teureres russisches Gas und Öl zu beziehen als direkt aus Russland.

Mit Blick auf den Ukrainekrieg geht es im Kern auch darum, zwischen einer freien Bündniswahl der Ukraine und strategischer Balance und Stabilität in Europa abzuwägen. Aus geostrategischer Sicht ist eine NATO-Mitgliedschaft der Ukraine so wenig akzeptabel für Russland wie z. B. für die USA ein Beitritt zur Eurasischen Union durch Kanada oder eine Unabhängigkeitserklärung Taiwans für China oder ein freies Kurdistan für die Türkei. Man könnte diese Beispiele fortführen.

Deshalb ist die Forderung von Henry Kissinger in Davos, den Russen die Kontrolle über die Gebiete mit einem hohen Anteil an russischsprachiger Bevölkerung in der Ukraine zu überlassen oder dem Donbass weitestgehende Autonomie zu gewähren, aus strategischer Sicht realistischer, als auf das vermeintliche Recht auf freie Bündniswahl oder einen langandauernden Krieg zu setzen.

Aus russischer Sicht ist die NATO durch ihre Osterweiterung sicherlich bedrohlich nah an ihre Grenzen gelangt. Waren es nach Ende des Kalten Krieges noch rund 2000 Kilometer von dem östlichen Rand der NATO bis Moskau, sind es heute rund 1000 Kilometer, und wenn die Ukraine NATO-Mitglied würde, dann wären es weniger als 800 Kilometer.

Russland hat sich während des Ukrainekrieges strategisch enger an China angelehnt. Das könnte ausbaufähig sein ebenso wie die russische Kooperation mit den BRICS-Staaten enger geworden ist – gefördert durch den westlichen Gasexportboykott und andere westliche Sanktionen. Gerade die strategische Anlehnung Russlands an China könnte langfristig die Lage in Eurasien zugunsten Russlands verändern.

Europa handlungsfähig machen!

Die strategische Lage der NATO unter Führung der USA hat sich mit dem russischen Überfall auf die Ukraine sicherlich verbessert. Nie zuvor waren die USA anerkannter als westlicher Hegemon. Dies ist vor allem Putins Aggression gegenüber der Ukraine zuzuschreiben. Selbst die widerspenstigen Deutschen erhöhen ihren Verteidigungsetat auf die seit Jahren geforderten zwei Prozent des BIP und machen ihre Streitkräfte wieder einsatzfähig, was allerdings Jahre dauern wird. Ob der Westen, die USA und ihre europäischen und indopazifischen Verbündeten die strategische Zweifrontenlage gegen Russland in Europa und gegenüber China im Indopazifik militärisch und wirtschaftlich durchhalten können, ist aber eine berechtigte und offene Frage.

Ist es, muss darüber hinaus gefragt werden, langfristig strategisch klug, die Russen regelrecht in die Arme Chinas zu treiben und den Westen unter Führung der USA in ein geostrategisches Zweifrontenszenario zu bringen? Wahrscheinlich werden diese Fragen zu den anstehenden Wahlen in den USA auf die politische Tagesordnung kommen.

Aus EU-Sicht stellt sich die Frage, inwieweit die Fortdauer des Ukrainekrieges und die danach folgende, wahrscheinliche Wiederauflage eines Kalten Krieges mit Russland im strategischen Interesse Europas liegen kann. Das kommt auf die Sichtweise an: Osteuropäische NATO-Partner wie die baltischen Staaten und Polen, sicherlich auch Schweden und Finnland als künftige NATO-Partner suchen prioritär den Schutz weniger der europäischen Verbündeten als vielmehr der USA. Andere Partner wie Frankreich, Deutschland, Italien und Spanien wollen ein Mehr an strategischer Autonomie Europas, haben aber kaum die Mittel dazu oder den ernsthaften Willen zur Umsetzung. Wenn man von dem viel zitierten Anspruch der EU ausgeht, ein „Global Player" und strategischer Akteur sein zu wollen, dann hat sich die Situation der

EU, insbesondere die Deutschlands, mit dem Ukrainekrieg massiv verschlechtert: Die Perspektive eines langandauernden Konfliktes mit Russland und seines jederzeit möglichen Eskalationspotenzials, das in wirtschaftspolitischer Hinsicht Deutschland massiv treffende „strategische Decoupling" von Russland und China, der kürzlich erfolgte Brexit von Großbritannien, die negative Seite der Folgen der laufenden Sanktionen und die absehbare starke wirtschaftliche Rezession in der Eurozone scheinen den Traum von der strategischen Autonomie Europas weitestgehend zu beenden. Dazu kommen nicht übersehbare Risse innerhalb der EU. Man denke nur an die zahlreichen Konflikte zwischen Gründer- und Beitrittsstaaten, Ost- und Westeuropäern, Nord- und Südeuropäern, zwischen Brüssel und den Visegrad-Staaten, zwischen Euro- und Nicht-Euro-Staaten, Nettozahlern und -empfängern. Die Aufnahme der derzeit wartenden zehn EU-Beitrittsaspiranten und insbesondere der Ukraine wäre eine große Herausforderung. Das nicht nur mit Blick auf den derzeitigen Korruptionsindex der Ukraine. Die EU bekäme eine knapp 2000 Kilometer lange Außengrenze mit Russland – eine große, sicherlich zu große Aufgabe angesichts der militärischen EU-Beistandsverpflichtung, die der EU-Vertrag in Artikel 42 Absatz 7 vorsieht. Der Aufbau einer glaubwürdigen Abschreckung in Europa ohne die USA scheint derzeit unrealistisch zu sein.

Und dennoch ist es hohe Zeit, die EU zu einem echten sicherheitspolitischen Akteur zu transformieren. Das geht nur an der Seite und als gleichberechtigter Partner der USA. Vielleicht gelingt es den Europäern nach dem Ukrainekrieg, innerhalb der NATO wieder die bewährte Harmel-Doktrin zu reaktivieren und mit ihrer Doppelstrategie von militärischer Stärke und Verteidigungsbereitschaft einerseits und Fortsetzung des Dialogs und dem Wiedererlangen einer vertrauensvollen Basis mit Russland andererseits militärische Drohpotenziale in Europa abzubauen und die alte Sicherheitskonzeption mit Russland zu erneuern.

Den Primat der Politik zurückgewinnen

Die USA und ihre Verbündeten stießen in ihren Kriegen jüngeren Datums, angefangen in Vietnam, schnell an ihre militärisch-operativen Grenzen, wenn der Krieg sich aus dem konventionellen Bereich in einen langandauernden, irregulär geführten und asymmetrischen Konflikt verwandelte. Letztes Beispiel dafür ist Afghanistan, wo die USA am Ende – trotz der überlegenen Schlagkraft ihres Militärs – mit ihren Verbündeten von Kämpfern in Turnschuhen und mit Kalaschnikows regelrecht aus dem Land getrieben wurden.

In einem Guerillakrieg mit ihren „Hit and Run"-Einsätzen gegen die rückwärtigen Verbindungslinien der Russen könnten die Ukrainer mithilfe westlicher Waffenlieferungen auf Monate, wenn nicht auf Jahre hin militärisch erfolgreich sein. Es ist eine Strategie, wie sie die Taliban gegen die überlegenen westlichen Truppen in Afghanistan anwandten. Oder betrachten wir die afghanischen Mudschahedin, die in ihrem rund neunjährigen Kampf die als kurze Invasion geplante Militäroperation in ein militärisches Fiasko für die Sowjetunion verwandelten. Ähnlich wie die Vietcong im Vietnamkrieg die Amerikaner trotz ihrer gewaltigen militärtechnologischen Überlegenheit mit größter Härte bekämpften und schließlich aus dem am Ende verwüsteten Land trieben. Auch im

Irakkrieg 2003 und der anschließenden Besetzung durch die USA und ihre Verbündeten kam es zu bürgerkriegsähnlichen Zuständen, Kriegshandlungen gegen irreguläre Milizen und zu Zigtausenden Terroranschlägen, die zu 100.000 toten Zivilisten und zu einem verwüsteten Land führten, das die USA und ihre Verbündeten schlussendlich 2011 verlassen mussten. Ähnlich „siegreich" könnte auf lange Sicht auch die Ukraine sein.

Die Frage, die man sich also stellen muss, lautet: Zu welchem Preis kämpft man weiter? Schließlich führt ein endloser Krieg zur weitgehenden Verwüstung der Ukraine, zu einem permanenten Kriegszustand im Lande und zu ungeheurem Leid der Zivilbevölkerung. Eine solche Strategie der Kriegsverlängerung wäre gefährlich: Anders als Afghanistan, Syrien, der Irak oder Libyen ist Russland eine Atommacht mit den meisten Nuklearsprengköpfen weltweit. Es bliebe ein permanentes Eskalationspotenzial – bis hin zu einem Nuklearkrieg in Europa. Aus europäischer Sicht sollte man alles daransetzen, das zu verhindern. Deshalb sollten baldmöglichst politisch-diplomatische Verhandlungen auf den Weg gebracht werden.

Das von UNO-Generalsekretär Guterres vermittelte und mit dem türkischen Präsidenten Erdoğan und Putin unter Beteiligung der Ukraine ausgehandelte Getreideabkommen zeigt, dass Putin grundsätzlich verhandlungsfähig ist und dass Verhandlungslösungen mit Russland möglich bleiben. Das Getreideabkommen ist seit Langem auch die erste ernst zu nehmende diplomatische Annäherung zwischen Russland und der Ukraine.

Die Bereitschaft zu einer Verhandlungslösung wächst international. Auch die Vereinigten Staaten schwenken auf einen realistischen Kurs ein, wie ein entsprechender Namensbeitrag von US-Präsident Biden in der *New York Times* deutlich macht. Das stimmt hoffnungsvoll.

Ohne Gebietsabtretungen der Ukraine wird es mit hoher Wahrscheinlichkeit nicht mehr gehen. Diese Chance, die in den ersten Wochen des Krieges noch bestand, wurde vornehmlich durch eine politisch blinde militärische Eskalation und Kriegsrhetorik verpasst. Wir müssen mit Wladimir Putin früher oder später an den Verhandlungstisch, so schwer uns das fallen mag.

Der israelische General Moshe Dajan, den ich noch persönlich kennenlernen konnte, hat sein Leben lang gegen die Araber gekämpft. Trotzdem hat er als Außenminister Israels gegen erheblichen Widerstand Friedensgespräche in Gang gesetzt.

Dajan hat seinen Gesinnungswandel später erklärt mit den Worten: „Wenn du Frieden willst, redest du nicht mit deinen Freunden. Du redest mit deinen Feinden."

Darum geht es auch heute.

Strukturelle Stabilität für Europa

VON ALBRECHT VON MÜLLER

Ein Vorschlag zur Erweiterung des gedanklichen Suchraums für eine zeitnahe Beendigung des Ukrainekriegs und die Sicherstellung dauerhafter Stabilität.

Einleitung

Grundsätzlich gilt es hinsichtlich der Beendigung des Kriegs in der Ukraine, drei zentrale, aber stark heterogene Zielkriterien zu berücksichtigen. Davon ist das erste primär humanitärer und das zweite primär sicherheitspolitischer Natur. Bei dem dritten Zielkriterium geht es schließlich um einen Schritt in Richtung eines neuen, globalpolitischen Ordnungsrahmens für eine multipolare, hochgradig interdependente Welt.

1. Das Blutvergießen und alle weiteren negativen Folgen der kriegerischen Handlungen sollen möglichst rasch beendet werden.

2. Zugleich soll der Aggressor, Wladimir Putin, nachhaltig davon abgehalten werden, weitere expansionistische bzw. neoimperialistische Aggressionen zu unternehmen.

3. Insgesamt soll das Vorgehen in einen noch zu erarbeitenden strategisch-konzeptionellen Rahmen passen, mit dem der Westen despotischen, die Idee der Menschenwürde mit Füßen tretenden Regimen begegnet, ohne dabei die Stabilität der Weltordnung zu gefährden.

Die dritte Zielsetzung bedarf einer etwas näheren Erläuterung.

Im Rahmen einer neuen, umfassenden Evolutionstheorie können die Entfaltung der physikalischen Gegebenheiten unseres Universums, die darauf aufbauende Entfaltung des Lebendigen sowie die wiederum darauf aufbauende Entstehung von höheren kognitiven Leistungen und des Bereichs des Geistigen in einem kohärenten, begrifflich-methodologischen vereinheitlichten Ansatz beschrieben werden. Der Mensch wird dabei als der Ort erkennbar, an dem die iterative Selbstentfaltung unseres Universums so weit vorangeschritten ist, dass dieses seiner selbst gewahr zu werden beginnt. Dadurch aber erlangt das gesamte Geschehen eine völlig neue Qualität und Dignität – und zwar in jedem einzelnen Menschen. Genau diese fundamental neue Qualität und Dignität des Ganzen aber ist der Ursprung der unendlichen und unantastbaren Würde jedes einzelnen Menschen.[1]

Von großer praktischer Bedeutung ist diese grundlagentheoretische Entwicklung deshalb, weil die Idee der Menschenwürde

---

1 Siehe dazu: Albrecht von Müller: *Die Selbstentfaltung der Welt*. München: Siedler 2020.

damit eine naturwissenschaftliche Einbettung erfährt – und so politisch-kultureller Beliebigkeit entzogen wird. Es ist eben nicht die Sache von Despoten und Ideologen – und des von ihnen in jüngster Zeit gern vorgeschobenen „civilization state" –, darüber zu befinden, ob und in welchem Maße sie das Phänomen der Menschenwürde anerkennen oder nicht. Diese Ableitung der Menschenwürde impliziert nicht bestimmte historisch-kulturelle Ausprägungen ihrer Umsetzung, z. B. im Sinne unserer ganz spezifischen Formen von Demokratie oder Meinungsfreiheit. Bei der Menschenwürde handelt es sich vielmehr um eine „regulative Idee" im kantischen Sinne, also um etwas, das nie vollständig erreicht werden kann, aber immer als Leitmotiv der eigenen Bemühungen gelten muss.

Insgesamt wird es bei dem neuen, noch im Detail auszuarbeitenden globalpolitischen Ordnungsrahmen darum gehen, a) einen essenziellen Verhaltenskodex für eine interdependente Welt sowie b) wirksame Mechanismen für seine Um- bzw. Inkraftsetzung zu formulieren. Hilfreich könnte dabei die Zielvorstellung einer „rechtebasierten und partizipatorischen Weltinnenpolitik" für unseren kleinen, vulnerablen Planeten sein.

Konkret könnte man an drei Grundregeln denken, die erstens ein globalökologisch verantwortliches Verhalten, zweitens den Verzicht auf militärische und/oder informationelle Aggression sowie drittens eben die Achtung der Menschenwürde und den möglichst effizienten Einsatz öffentlicher Mittel für die Entfaltung eines menschenwürdigen Lebens der jeweiligen Bürger fordern.

Eine freiwillige Allianz aller Staaten, die ihr Verhalten an diesen Grundregeln ausrichten, könnte sich dann darauf verständigen, einen wirtschaftlichen Meistbegünstigungsstatus sowie Zugang zu sensitiven Technologien nur jenen Staaten zu gewähren, die sich auch an diese Regeln halten. Bei dem dritten Zielkriterium für die Beendigung des Kriegs in der Ukraine geht es also um die grundsätzliche Kompatibilität der Lösung mit einem neuen, in den nächsten Jahren schrittweise aufzubauenden globalpolitischen Ordnungsrahmen. Wichtig ist dieses zunächst vielleicht als weit hergeholt erscheinende Zielkriterium deshalb, weil ohne eine derartige wertbasierte Stabilisierung der Gesamtsituation auch keine nachhaltige Befriedung Europas gelingen wird.

Neben der allen Despotien inhärenten Angst vor in Freiheit prosperierenden Gemeinwesen wird es hier mittel- und langfristig eine ganz neue, sehr ernst zu nehmende Gefahrenquelle geben: Despotische Regime werden versucht sein, ihre Interessen auch hinsichtlich der immer deutlicheren globalökologischen Engpässe mit Gewaltmitteln durchzusetzen. Je mehr wir aber dadurch in eine ganz neue Spirale des Wettrüstens getrieben werden, desto weniger wird es gelingen, die anstehenden, teilweise drakonischen Kurskorrekturen der Weiterentwicklung unserer Wirtschaftssysteme erfolgreich in Angriff zu nehmen.

Ein alter, neuer Denkansatz für die Beendigung des Ukrainekriegs

Komplexe Probleme lassen sich manchmal nur durch eine Erweiterung des Suchraums lösen. Bei der Beendigung des Kriegs in der

Ukraine scheint es sich um ein derartiges Problem zu handeln. Innerhalb des gedanklichen Lösungsraums, in dem sich die gegenwärtige Diskussion bewegt, gibt es keine für beide Seiten akzeptablen Vorschläge.

Der Westen kann nicht tolerieren, dass sich ein Angriffskrieg gelohnt hat. Umgekehrt wird Putin keine Lösung akzeptieren, bei der er nicht sein Gesicht wahren könnte. Sämtliche Lösungen, die bislang angedacht wurden, verletzen entweder die eine oder die andere Anforderung. Aus diesem Grund muss zum Auffinden einer Lösung zunächst einmal der gedankliche Suchraum erweitert werden.

Der entscheidende Schritt in Richtung einer Lösung besteht in einer grundlegenden *qualitativen Veränderung* des militärischen Kräfteverhältnisses in Europa. Im Rahmen von zwei mehrjährigen Serien von Expertenworkshops hatten Spitzenmilitärs beider Seiten, des Westens und Russlands bzw. damals noch der Sowjetunion, schon vor 30 Jahren damit begonnen, gemeinsam die Grundeigenschaften eines nicht mehr nur gleichgewichts-, sondern nunmehr ausdrücklich *stabilätsorientierten* Kräfteverhältnisses zu erarbeiten.

Schon das Zustandekommen dieser direkten, sehr detaillierten Arbeitsgespräche hochrangiger Militärs beider Seiten unter dem Dach des European Center for International Security stellte einen beachtlichen Fortschritt dar. Die beiden Workshopserien, die unter dem Namen JACOS (für Joint Analysis of Conventional Stability) bzw. JOSIM (für Joint Simulation) stattfanden, haben gezeigt, dass sich vor allem auch zwischen den beteiligten Militärs beider Seiten sehr rasch ein hohes Maß an wechselseitigem professionellen

Respekt und sogar Vertrauen entwickeln kann.[2] Auf beiden Seiten haben die Resultate Eingang in die konzeptionellen Grundlagen und die Vorbereitung des Vertrages über Konventionelle Streitkräfte in Europa (KSE-Vertrag oder Conventional Forces in Europe Treaty, CFE) gefunden, der Ende der 1980 Jahre verhandelt wurde und am 19. November 1990 anlässlich des KSZE-Gipfeltreffens in Paris von sechs östlichen und 16 westlichen Staaten unterzeichnet wurde.

Als übergeordnetes Ziel wird dort u. a. formuliert, besonders vorrangig die Fähigkeit zur Auslösung von Überraschungsangriffen und zur Einleitung großangelegter Offensivhandlungen in Europa zu beseitigen.

Die zeitliche Überlagerung der Arbeitsgespräche mit dem Prozess der deutschen Wiedervereinigung erwies sich als glücklicher Zufall. Dabei stand außer Frage, dass das NATO-Territorium nicht nach Osten ausgeweitet werden sollte. Anfänglich sollte dies sogar für das ehemalige Staatsgebiet der DDR gelten. Im Rahmen der Gespräche wurde dann eruiert, ob und unter welchen Bedingungen die Sowjetunion die NATO-Mitgliedschaft des gesamten, wiedervereinigten Deutschland akzeptieren könnte. In der weiteren historischen Entwicklung kam es dann zu mehreren Erweiterungen des

---

2   In der noch nicht veröffentlichten Studie *Der Durchbruch eines neuen Denkens. Die strukturelle Nichtangriffsfähigkeit als Leitbegriff der Sicherheits- und Abrüstungsdebatten über konventionelle Streitkräfte in Europa (1982–1992)* des Zeithistorikers Carlos Collado Seidel werden die Rahmenbedingungen, die Teilnehmer und die Atmosphäre sowie die Ergebnisse dieser Arbeitsgespräche detailliert dokumentiert. Aufgrund der großen Aktualität der Thematik kann das Manuskript schon vor dem Erscheinen der Studie in Buchform auf der Homepage der Parmenides Stiftung (www.parmenides-foundation.org) heruntergeladen werden.

NATO-Gebiets nach Osten. Diese stießen zunächst nicht auf russischen Widerstand, das gilt selbst noch für die Aufnahme der baltischen Staaten und damit die Ausweitung des NATO-Territoriums an die Grenzen Russlands.

Es ist jedoch nachzuvollziehen, dass Russland die wiederholte Ausweitung des NATO-Territoriums nach Osten als eine Herausforderung beziehungsweise zum Teil sogar als eine militärische Bedrohung interpretiert hat. Sicherlich trifft zu, dass die NATO von ihrer politischen Zielsetzung und Ausrichtung her grundsätzlich keinen Angriffskrieg führen wird. Zugleich ist jedoch auch zuzugestehen, dass das Heranrücken des westlichen Bündnisses an die Grenzen Russlands sowohl militärisch wie vor allem auch politisch als große Irritation beziehungsweise Bedrohung in Russland wahrgenommen werden konnte. Insbesondere die Perspektive, dass auch die Ukraine, die kulturell mit Russland mit großem Abstand am meisten verbundene Nation Osteuropas, Teil des NATO-Territoriums werden könnte, wurde von der Kremlführung als massiver Vertrauensbruch bzw. Bedrohung empfunden.

All diese Feststellungen stellen keineswegs eine Legitimation des Angriffskrieges Russlands gegen die Ukraine dar. Sie machen nur die historischen Zusammenhänge deutlich, aus denen heraus es zu diesem eindeutig völkerrechtswidrigen und letztlich kontraproduktiven Versuch kam, die Ukraine durch einen Angriffskrieg wieder unter russische Kontrolle zu bekommen. Zugleich leuchtet diese Richtigstellung der historischen Entwicklungen die Rahmenbedingungen für eine dauerhafte Überwindung dieses Konfliktpotenzials aus.

Nur eine Lösung, die den Anforderungen des Völkerrechts Rechnung trägt und zugleich auch die subjektive militärische Sicherheit aller europäischen Staaten, inklusive Russlands, gewährleistet, wird langfristig tragfähig sein. Und genau hier setzt mein Vorschlag zu einer Ausweitung des gedanklichen Suchraums an:

Wir sollten eine qualitative Weiterentwicklung des konventionellen Kräfteverhältnisses in Richtung einer eindeutigen, wechselseitigen Verteidigerdominanz[3] als einen qualitativ neuen Lösungsansatz zum Leitmotiv unserer Bemühungen machen. Als ersten Schritt sollten wir dabei – wie in JACOS und JOSIM schon einmal erfolgreich praktiziert – von führenden Militärs beider Seiten gemeinsam die Möglichkeiten der praktischen Umsetzung dieser neuen politischen Zielsetzung überprüfen bzw. erarbeiten lassen.

Es geht hierbei um nichts weniger als die Herausbildung einer strukturell abgesicherten Friedensordnung in Europa.[4] Diese liegt im nachhaltigen Interesse beider Seiten. Der entscheidende Vorteil für den Westen, besonders für die kleineren osteuropäischen sowie die neutralen Staaten, besteht darin, dass keinerlei militärische Invasion nach dem Beispiel der Ukraine mehr befürchtet werden

---

3   Darunter versteht man ein Kräfteverhältnis, in dem die Verteidigungsfähigkeit beider Seiten eindeutig größer ist als die Angriffsfähigkeit des jeweiligen Gegenübers. Zu erreichen ist dies, indem man für großräumige Angriffe und Eroberungen erforderliche Waffensysteme stark begrenzt, während man eher für Verteidigungszwecke geeignete Waffensysteme nicht limitiert. (Der hier gemachte Unterschied ist in Bezug auf einzelne Waffensysteme nicht völlig trennscharf, auf der Ebene ganzer Dispositive lässt er sich jedoch sehr wohl treffen.)

4   „Strukturelle Absicherung" bedeutet, dass die Entscheidung, einen Angriffskrieg zu führen, nicht kurzfristigem politischen Gutdünken unterliegt, sondern aufwendige, zeitraubende und klar erkennbare Maßnahmen der Umrüstung des eigenen militärischen Dispositivs erfordern würde.

müsste. Der entscheidende Vorteil für Russland besteht darin, dass auch aus russischer Sicht von dem konventionellen Militärpotenzial der NATO keine militärische Bedrohung mehr ausgehen würde.

Für den Westen wäre ein Kräfteverhältnis, das strukturelle Sicherheit gewährleistet, ein großer politischer Erfolg, weil weitere Expansionsversuche Russlands und das damit verbundene Eskalationspotenzial bis in den nuklearen Bereich dadurch eindeutig und nachhaltig ausgeschlossen wären. Russland hingegen fordert schon seit Langem den Aufbau einer „europäischen Friedensordnung", in der den eigenen Sicherheitsinteressen umfassend und unzweifelhaft Rechnung getragen wird. In diesem Sinne wäre es ein großer politischer Erfolg, dieses Vorhaben nunmehr konkret in Angriff zu nehmen.

Die Parmenides Stiftung beabsichtigt, dazu führende Militärs Russlands, der Ukraine sowie der NATO zu einer Serie von Arbeitstreffen einzuladen. In ihnen sollen auf höchstem professionellen Niveau die Möglichkeiten einer konkreten militärischen Umsetzung des Leitmotivs „strukturelle Stabilität" untersucht bzw. erarbeitet werden. Selbstverständlich sind dabei auch veränderte militärische und technologische Rahmenbedingungen, wie z. B. die stark weiterentwickelte Drohnentechnologien, zu berücksichtigen.

Insgesamt zielt der hier unterbreitete Vorschlag darauf ab,

– durch eine Erweiterung des Suchraumes die momentan ausweglos erscheinende Situation zu überwinden,
– mit der Zielvorgabe eines Kräfteverhältnisses, das strukturelle Stabilität gewährleistet, eine grundlegend neue Perspektive zu eröffnen,

– und „im Windschatten" dieser Refokussierung der Debatte eine zeitnahe Beendigung der Kampfhandlungen in der Ukraine, vor allem aber die Perspektive einer stabilen europäischen Sicherheitsarchitektur zu ermöglichen.

Gleicht man abschließend die hier skizzierten Versuche einer zeitnahen Beendigung des Ukrainekriegs mit den eingangs genannten drei Zielkriterien ab, so ergibt sich das folgende Bild:

Wenn es stimmt, dass im Rahmen der herkömmlichen Denkansätze die Lösungsmenge (also Modalitäten der Beendigung des Ukrainekriegs, die sowohl für den Westen wie auch für Putin akzeptabel sind) leer ist, dann gibt es vermutlich keinen chancenreicheren Weg zur Beendigung der Kampfhandlungen als die hier vorgeschlagene Neuorientierung der Debatte.

Eine grundlegende, internationales Recht respektierende Neuorientierung der Politik Russlands ist unter den gegebenen Bedingungen weder bei Wladimir Putin noch bei möglichen Nachfolgern zu erwarten. Wenn dies zutrifft, kann nur eine Kräfteverhältnis struktureller Stabilität dauerhaft Sicherheit in Europa gewährleisten.

Eine derartige strukturelle Befriedung Europas wäre zugleich ein wichtiger Schritt auf dem Weg zu einer neuen, rechtebasierten und partizipatorischen Weltinnenpolitik. Zugleich wird es nur eine strukturelle Befriedung Europas erlauben, alle Kräfte auf die aus globalökologischen Gründen anstehenden, teilweise drakonischen Kurskorrekturen unserer Wirtschaftssysteme zu fokussieren.

Strukturelle Sicherheit und die Weiterentwicklung Europas

Der Aufbau einer neuen Sicherheitsarchitektur in Europa verändert auch die Rahmenbedingungen des europäischen Projektes. Eine aktivere Rolle Europas bei der Gewährleistung seiner eigenen Sicherheit und die anstehende fundamentale Weiterentwicklung des europäischen Projektes können sich wechselseitig verstärken.

Nur wenn die Bürger die Relevanz Europas für ihr eigenes Leben und ihre eigene Sicherheit wahrnehmen, werden sie auch bereit sein, einem sich neu konfigurierenden Europa mehr Verantwortung und mehr Mittel zu konzedieren. Umgekehrt ist die weitere Entwicklung des europäischen Projektes eine Voraussetzung dafür, dass Europa auch in der Sicherheitspolitik mehr Eigenverantwortung übernehmen kann.

Im Folgenden soll deshalb noch kurz skizziert werden, dass und wie das europäische Projekt sich weiterentwickeln könnte und sollte.

Der Kern der kulturellen Identität Europas lässt sich wie folgt definieren: Durch eine immer wieder neu auszutarierende Balance zwischen individueller Freiheit und sozialer Verantwortung sollen der Grundwert der Menschenwürde in allen Lebensbereichen möglichst gut umgesetzt und die Voraussetzungen für ein „gelingendes Leben" geschaffen werden. Kombiniert mit der einzigartigen historisch-kulturellen Vielfalt Europas, macht gerade dieser Balanceakt unsere Einzigartigkeit aus – auch im Vergleich zu den USA und erst recht natürlich im Vergleich zu anderen Mächten wie China, Russland oder Indien.

Eine wirkliche Erneuerung des europäischen Projekts muss vier Kernelemente umfassen:

1. die Einsicht, dass das juristisch-bürokratisch geprägte Denken in Kategorien der Homogenisierung nicht das geeignete Einigungsparadigma für Europa ist.

Europa wird dann und nur dann florieren, wenn es erkennt, dass sein historisch-kultureller Reichtum und seine Vielfalt das ist, was es einzigartig macht. Um diese Stärke zu nutzen, muss sich Europa zu einem neuartigen, dezentralen „Innovations- und Lernlabor" bzw. einem „Evolutionsbrüter" für innovative sozialökonomische und politische Lösungen weiterentwickeln.

2. Ganz im Sinne dieser konstruktiven Nutzung von Vielfalt müssen wir von einem Einigungsprozess mit nur einer oder eineinhalb Geschwindigkeiten zu einer auf- und abwärts mobilen Drei-Ebenen-Architektur übergehen. Auf jeder Ebene wird mehrheitlich entschieden, bei manchen Fragen gegebenenfalls mit qualifizierter Mehrheit.

Die oberste Ebene bildet ein Kerneuropa, das zumindest anfänglich nur wenige Mitglieder umfassen wird. Diese müssen bezüglich ihrer wirtschaftlichen und politischen Leistungsfähigkeit, vor allem auch hinsichtlich ihrer rechtsstaatlichen Verfasstheit sehr hohe Standards erfüllen – und zugleich bereit sein, in substanziellem Umfang nationalstaatliche Kompetenzen an ein auf dieser Kompetenzebene agierendes Europa abzugeben. Nennen wir diesen Kern die „Res Publica Europea" oder kurz RPE.

Die zweite Ebene ist dann intergouvernementaler Natur mit einer gewissen Ähnlichkeit zur heutigen EU – nur eben auch hier weniger auf Homogenisierung als auf die Erprobung und wechselseitige Befruchtung alternativer Lösungsansätze ausgerichtet.

Bei der dritten und untersten Ebene handelt es sich um die konzeptionell weiterentwickelte Form einer Freihandelszone – also eine Ebene relativ loser Integration, auf der es beispielsweise keine Freizügigkeitsansprüche gibt (sodass z. B. auch Großbritannien auf dieser Ebene jederzeit wieder Mitglied werden könnte und auch eine Integration der Ukraine in mittelfristiger Perspektive realisierbar ist).

Europa darf sich nicht länger primär nur auf Sekundärnützlichkeiten wie Wirtschaftswachstum, bequemen Reisemöglichkeiten oder erleichterten Finanzmarkttransaktionen gründen. Im Kern geht es darum, im Wettbewerb mit anderen Weltregionen eine Pionierrolle in der bestmöglichen Entfaltung des Potenzials des Menschseins wahrzunehmen. Unser spezifischer Denkansatz ist dabei die Idee der Menschenwürde, umgesetzt in der schon angesprochenen, immer wieder neu auszutarierenden Balance zwischen der Freiheit des Einzelnen und seiner Verantwortung für seine Mitmenschen.

Wenn wir dieses Anliegen und vor allem den Versuch, es konsequent umzusetzen, den jungen Menschen in Europa deutlich machen, wird das europäische Projekt sehr viel Zustimmung erfahren – gerade auch in einer Phase der weltpolitischen Entwicklung, in der diese Werte von außen bedroht und durch fundamentalistische und totalitäre Ideologien herausgefordert werden.

Es ist hier weder der Ort noch der Raum vorhanden, diese Überlegungen zur Notwendigkeit einer grundlegenden Erneuerung des europäischen Projektes näher auszuführen.

Wichtig ist an dieser Stelle nur, dass die sicherheitspolitische Neugestaltung Europas in einer engen Wechselwirkung mit der Weiterentwicklung des gesamten Projekts der europäischen Einigung steht.

Schlussbemerkung

Vieles von dem hier Vorgeschlagenen mag zunächst illusorisch erscheinen. Entgegenzuhalten ist dem jedoch, dass wir uns in der Tat in einer Zeitenwende befinden. Dabei geht es vermutlich nicht nur darum, dass eine bestimmte Epoche durch eine qualitativ ähnliche abgelöst wird. Die sich selbst beschleunigende Zunahme der zivilisatorischen Komplexität und der Geschwindigkeit des Wandels dürfte dazu führen, dass ein viel grundlegenderer, qualitativer Wandel eintritt: Es wird auf absehbare Zeit keine so ausgedehnten „historischen Plateauphasen" mehr geben, wie wir sie bislang gewohnt waren.

Der heutige „homo instrumentalis" wird der Komplexität der von ihm erzeugten Artefakte nicht mehr Herr. Er gleicht dem Zauberlehrling in Goethes gleichnamigem Gedicht. Nur dass in unserem Falle kein Meister im Hintergrund bereitsteht, der ihm zu Hilfe eilen könnte.

Der selbstinduzierte Übergang zu einem wirklichen „homo sapiens" ist vermutlich das größte, faszinierendste und zugleich riskanteste Projekt der bisherigen Menschheitsgeschichte. Um es erfolgreich zu bewältigen, müssen wir in einem bislang unbekannten Ausmaß nach-, um- und weiterdenken.

Es gilt aber auch, dass historische Umbruchphasen die Zeiten sind, in denen Ideen, deren Zeit gekommen ist, so weitreichende Folgen haben können wie der berühmte „Flügelschlag eines Schmetterlings".

Der Kontinent der Fragezeichen: Europapolitische Aspekte

VON WERNER WEIDENFELD

Die gegenwärtige Lage ist höchst kompliziert. Sie entzieht sich unseren bisherigen Beschreibungsversuchen und unserem traditionellen Vokabular. Zu dramatisch, zu tiefgreifend, zu aufregend und zu undurchsichtig wird Europa vom Wandel erfasst.

Entsprechend schrill sind die Schlagzeilen unserer Tage. Das empirische Datenmaterial belegt die These vom Zeitalter der Konfusion: Europa wird von der großen Mehrheit der Menschen nicht mehr verstanden. Eine erodierte Politik öffnet den Markt für radikalen Populismus. Die deutsche wie die europäische Politik üben sich gleichermaßen in strategischer Ratlosigkeit. Beide Ebenen der Politik werden drastisch vom Vertrauensverlust angenagt. Der bisherige Zauber der Stabilität ist verschwunden. Ratlosigkeit ist zur Normalität geworden. Die Strategiekrise der Republik verbindet sich auf fatale Weise mit der Sinnkrise des ganzen Kontinents. Es wäre eine Verharmlosung, nur von einer Krise Europas zu sprechen und darauf mit dem bekannten Routinepathos zu antworten.

Arbeit an der europäischen Identität

Versuchen wir also, eine gewisse geistige Ordnung auf der Baustelle Europa zu schaffen. Die immense Rechtsetzungsmacht mit knapp 450 Millionen Europäerinnen und Europäer macht die Lösung der Demokratiefrage essenziell und unabdingbar. Wie soll in der Tradition der Volkssouveränität ein politisches System denn sonst seine Legitimation erhalten? Ohne solche normativen Grundlagen wäre Europa auf Dauer weder handlungsfähig noch akzeptabel. Um die demokratische Verfahrenslegitimation ist es allerdings in der Europäischen Union nicht gut bestellt. Die Verfahrenslegitimation bedarf der kollektiven Identität als kultureller Grundierung. Und diese kollektive Identität ist in Europa bisher schwach entwickelt. Die große Antwort fordert den Zuruf: Arbeitet an der Identität Europas! Europa erlebt sich bisher weder als Kommunikationsgemeinschaft noch als eine Erinnerungsgemeinschaft und auch nicht als Erfahrungsgemeinschaft. So wie die Europäische Union ein Gebilde sui generis ist, so ist auch die Notwendigkeit einer tragfähigen und überzeugenden Zukunftsstrategie für Europa eine einzigartige Herausforderung. Das herkömmliche Pathos hilft dabei nicht weiter. Die alten Orientierungskonstellationen sind weitgehend verbraucht. Es bedarf also anderer politisch-kultureller Anstrengungen.

Wie kann nun die strategische Antwort auf diese höchst komplexe, höchst schwierige Lage aussehen? Sie kann nicht in dem historischen Hinweis auf die Gründerzeiten, ihre Erfolge und die klassischen Motivationslagen dieser Geschichtsepochen bestehen – was häufig genug versucht wird. Es bedarf der großen Verständigung auf neue Begründungskonstellationen, die das Machtmonster Europa verstehen lassen. Die knapp 450 Millionen Menschen mit ökonomischem Spitzenpotenzial und solider militärischer Ausstattung haben die Europäische Union in den Rang einer Weltmacht befördert. Umso dringlicher wird es, diese Weltmacht aus taumelnder Orientierungslosigkeit zu befreien. Nur so kann Europa eine zukunftsfähige Form finden. Die Alternativen zu diesem bisher unerfüllten Konzept lassen sich in Ansätzen beobachten: In fast jedem Mitgliedstaat gibt es Fluchtbewegungen aus der Komplexität der Lage in die einfache Formel des populistischen Extremismus. Man fragt sich inzwischen besorgt: Ist Europa die diskursive Energie ausgegangen? Der Zielhorizont Europa wankt. Er erodiert von innen. Es häufen sich nationalistische Alleingänge, populistische Slogans und egoistische Interessenlagen. Die Konsequenz ist: Wir leben in europäischen Misstrauensgesellschaften.

Auch hier hilft ein Blick in die Geschichte: Es gibt so etwas wie ein politisch-kulturelles Grundgesetz Europas. Seit der ersten Nennung des Namens „Europa" im 6. Jahrhundert v. Chr. bis zum heutigen Tag steht dieser Kontinent unter Spannung, weil die größtmögliche Vielfalt an Temperamenten, Mentalitäten und Traditionen in größtmöglicher räumlicher Dichte ihr Zusammenleben organisierten. Die daraus resultierende Spannung entlädt sich mal positiv als zivilisatorische Großleistung, mal negativ als imperiale, hegemoniale Katastrophe. Europa kennt den Geist der Bergpredigt genauso wie das Wörterbuch des Unmenschen. Soll die positive Seite aufgeschlagen werden, dann gelingt das nur, wenn man die politisch-kulturelle Leistung erbringt – nicht, wenn man infantil immer wieder die alten Fehler wiederholt.

Es ist interessant, dass in all den Krisenerlebnissen – wie den neuen Kriegserfahrungen, den Pandemienöten, dem Ringen um Kredite, der Diskussion um Zinssätze und der Kalkulation von Flüchtlings-quoten – doch immer wieder die Fragen auftauchen: Was macht Europa eigentlich aus? Was ist spezifisch für diesen Kontinent? Was hält Europa zusammen? Durch diese drängenden Fragestellungen wird greifbar, dass Europa mehr als ein Wirtschaftsraum, mehr als eine Währungsunion und mehr als ein bloßes Interessengerangel ist. Europa ist ein normatives Projekt! Es gilt, die Normen zu be-schreiben und zu begreifen, nach denen die Schicksalsgemeinschaft ihren politischen Raum gestalten will. Jeder, der einen Blick in die dramatischen Jahrhunderte der Geschichte Europas geworfen hat, weiß: Das Ringen um die Zukunft Europas wird sich nicht konzen-trieren auf finanzwissenschaftliche Seminardaten, sondern auf die Ausgestaltung eines normativen Projekts.

Die Dichte der Verwebung von politischen, ökonomischen, kul-turellen und digitalen Sachverhalten hat sich längst jenseits traditi-oneller Grenzen des Nationalen wie des Regionalen realisiert. Ein immenser Machttransfer ist bereits vollzogen. Entweder man wird davon überrollt, entmündigt, ja erdrosselt, oder man schafft eine transparente, führungsstarke Europäische Union. Daher greift auch die traditionelle Terminologie von Bundesstaat, Föderalismus oder Staatenbund nicht mehr. Für die Realisierung des neuen Europa be-darf es strategischer Köpfe.

Damit ist unsere Aufgabe für das nächste Europa definiert: Das Narrativ der künftigen Sinnantwort für Europa ist zu erarbeiten. Die Deutungs- und Erklärungsleistung ist zu bieten. Mit anderen Wor-ten: Die Seele Europas muss wiedergefunden werden. Angesichts der Erosion des gemeinsamen europäischen Symbolhaushalts lautet der Befund für die Handlungsperspektiven der nächsten Epoche: Europa braucht Ziele, Perspektiven und Orientierungen. Es muss eine strategische Kultur aufbauen. Wer die große Zeitenwende Europas positiv und erfolgreich beantworten will, der benötigt einen neuen strategischen Horizont und einen anderen kulturellen Umgang mit Europa.

Neue Vitalität wird Europa nicht aus bürokratischen Mammutverträgen erwachsen. Europa kann heute nur als rettende, elementare Antwort auf die Globalisierung ein neues Ethos entfalten. Ein Aufbruch aus der zweiten Eurosklerose kann nur vermitteln, wer die Kunst der großen Deutung beherrscht. Am Beginn steht die Globalisierung mit ihren Konsequenzen für jeden einzelnen Bürger. Europa liefert die Antwort darauf mit seinem strategischen Konzept der Differenzierung nach innen und nach außen. Nur die Union kann schlüssige Antworten liefern, nur die integrierte Gemeinschaft ist stark genug, den einzelnen Staaten Schutz, Ordnung und Individualität zu garantieren. Europa hat das Potenzial zur Weltmacht. Allerdings muss dieses Potenzial angemessen organisiert und mit dem Geist europäischer Identität erfüllt werden. Eine solche historische Großleistung kann durchaus jenes Europa erbringen, das heute den großen Herausforderungen verunsichert gegenübersteht. Es muss lediglich seinen Lernprozess strategisch konsequenter umsetzen.

Europa muss nun sein großes historisches Examen bestehen. Der Kontinent ist auf der Suche nach einer klaren, realisierbaren Zukunftsperspektive. Bisher hat der Kontinent dieses Zielbild nicht gefunden. Der Krieg hat Europa erfasst. Die Überfülle der Probleme lässt die strategische Sprachlosigkeit dominieren. Das Massensterben in der Ukraine macht keine Pause. Allerdings war die EU schon vor dem Krieg Russlands gegen die Ukraine eine Großbaustelle.

Der russische Angriff auf die Ukraine hat eine Vorgeschichte, zu der das Versagen der EU gehört, zu einer stabilen Friedensordnung auf dem Kontinent unter Einbeziehung Russlands beizutragen. Das Minsker Abkommen war eine europäische Leistung der Ukraine, Russlands, Frankreich und Deutschlands. Es wurde von beiden Konfliktparteien im Osten der Ukraine weder im Geist noch im Buchstaben umgesetzt. Die Weigerung Deutschlands und Frankreichs, das Angebot der USA, die Ukraine und Georgien in die NATO aufzunehmen, mitzutragen, konnte die Situation nur vorübergehend befrieden, hat aber vermutlich schon damals den Ausbruch des Krieges verhindert. Eine alternative Strategie, die von der Provokation zur Kooperation unter Einbeziehung Russlands übergeht, wurde daraus nicht entwickelt. Die Bombardierung der Städte, die systematische Zerstörung der zivilen Infrastruktur und die russische Drohung mit einer militärischen Eskalation bis hin zum Einsatz von Atomwaffen, eine Drohung, die Russland unterdessen vor den Vereinten Nationen bei der Debatte zum Atomwaffensperrvertrag wieder zurückgenommen hat, haben die europäische Friedensordnung zertrümmert. An die Stelle des institutionellen Vertrauens ist ein generelles Misstrauen getreten. Die Lüge wurde zum elementaren Beziehungsmaterial (das gilt auch für die US-Begründung des Angriffskrieges auf den Irak), das eine vertrauensvolle Zusammenarbeit nicht mehr zulässt (und doch war es möglich, mit den USA wieder zu kooperieren). Mit dem Krieg gegen die Ukraine hat sich

Russland aus einer europäischen Sicherheitsordnung verabschiedet (hoffentlich nicht für immer), die ausdrücklich Miteinander und Kooperation vorsah und dafür territoriale Integrität, friedliche Konfliktlösung, Souveränität und freie Bündniswahl (unter der Bedingung, dass dadurch keine sicherheitspolitischen Probleme heraufbeschworen werden) festschrieb. All dies ist nun verbrannt.

Die Dramatik der Existenzkrise Europas wird sofort anschaulich durch die gängigen Schlagzeilen der letzten Monate: „Die Welt ist aus den Fugen geraten", „Europa brennt", „Die Zeit drängt", „Europas großes Examen". Europa steht vor einer Zeitenwende von historischem Ausmaß. Es wirkt so, als ob der Kontinent in eine große Katastrophe geraten sei. Doch die europäische Politik erschöpft sich weitgehend in situativem Krisenmanagement. Gesellschaftlich bindende Orientierung? Fehlanzeige. Die Forderung nach greifbarer Identität ist aber keine Banalität. Jedes politische System bedarf zur Gewährleistung seiner Handlungsfähigkeit eines Rahmens, auf den sich die Begründungen für Prioritäten und Positionen beziehen.

Europa zeigt sich gegenwärtig als ein Kontinent der Fragezeichen, nicht der Antworten. Niemanden darf es daher überraschen, wenn ein deutlicher Vertrauensverlust in Politik und Demokratie zu registrieren ist. Zu den Kernelementen des europäischen Narrativs zählen nicht nur seine hegemonialen Katastrophen, sondern auch seine eindrucksvollen Erfolge. Es stellt sich wieder die Frage nach der angemessenen Führungsstruktur. Auch gegenwärtig liegt hier der Schlüssel, um die Ära der Konfusion zu beenden: Die Führungsstruktur ist zu klären, um strategische Klarheit zu bieten.

Die kulturelle Lage, in der dieses Europa so gefährlich brennt, ist also höchst kompliziert. Sie entzieht sich unseren bisherigen Beschreibungsversuchen und unserem traditionellen Vokabular. Zu dramatisch, zu tiefgreifend wird Europa von diesem Wandel erfasst. Es bedarf jetzt der großen Verständigung auf neue Begründungskonstellationen, die Europa in der nächsten Epoche bestehen lassen.

Der russische Krieg gegen die Ukraine zwingt die EU, ihre strategische Sprachlosigkeit zu beenden. Damit bekommt das seit einiger Zeit proklamierte Ziel strategischer Souveränität eine neue Bedeutsamkeit und Dringlichkeit. Es liegt auf der Hand: Europa muss strategisch gerettet werden.

Europa als Strategiegemeinschaft

Was die Europäer derzeit erleben, werden künftige Historiker einmal als das große politisch-kulturelle Desaster beschreiben. Europa hat keine sofort abrufbare Antwort auf die kriegerische Herausforderung Moskaus. Man blickt hilfesuchend nach Washington. Die eigene Lösung fehlt. Die politische Klasse hat den Kontinent an die Wand fahren lassen. Sie ist normativ ausgetrocknet und offenbar überfordert. Krisenmanagement wird zum eigentlichen Inhalt und zum Erscheinungsbild der Politik. Wäre dieses Krisenmanagement eingebettet in eine klare Strategie und Perspektive, dann könnte man alledem die Dramatik nehmen. Aber das ist nicht der Fall. Zum eigentlichen Kern des Problems ist die Orientierungslosigkeit geworden. In Sachen Europa handelt es sich also um eine intellektuelle Herausforderung besonderer Art, um eine politisch-strategische Bewährungsprobe von historischer Dimension. Es geht um die geistige Ordnung Europas.

Dazu bedarf es der neuen Begründungskonstellationen und der präzisen Strategien. Nur so kann Europa eine zukunftsfähige Form finden. Die EU gehört zu den intransparentesten Phänomenen, mit denen das politische Leben bisher umzugehen hatte. Intransparenz aber veranlasst Distanzierung. Daraus folgt die dringende Notwendigkeit, Transparenz zu schaffen. Nimmt man die weltpolitische Mitverantwortung Europas hinzu, dann wird das Dilemma evident: Ein intransparentes, begrenzt legitimiertes Europa mit ungeklärten Führungsstrukturen kann nicht die Antwort auf die internationalen Herausforderungen bieten.

Was zu tun ist, ist leicht aufgezählt, aber nur schwer umzusetzen: Erstens muss die Sicherheit neu und effektiv organisiert werden – von einer europäischen Armee bis hin zur europäischen Cybersicherheit und der transnationalen Organisation der inneren Sicherheit. Zweitens verlangt der politische Rahmen der Wirtschafts- und Währungsunion nach stärkerer Handlungsfähigkeit; steuer- und sozialpolitische Kompetenzen gehören dazu.

All das kann im Übrigen nur in einer „differenzierten Integration" realisiert werden. Nicht bei jedem neuen strategischen Aufbruch ist auf ein „Europa der 27" zu warten, sondern es ist auf die jeweiligen kooperationsfähigen Kreise abzuheben. Dies sollte konzeptionell von einem Europastrategierat gesteuert werden.

Im Kern dreht es sich nicht um irgendwelche institutionellen Kompetenzdetails, sondern um den pluralen, kontroversen Diskurs, den jede Demokratie benötigt. Der Kontinent muss also

Zukunftsstrategien entwickeln, die Elemente der Erfahrungsgemeinschaft in stabile Formen der Identität übertragen lassen.

Europa muss sich aktuell als Strategiegemeinschaft begreifen, die einen gemeinsamen normativen Horizont realisiert. Spätestens der Angriff auf die Ukraine hat auch dem letzten Europäer diese Erkenntnis vermittelt. Es geht also um eine große kulturelle Kraftanstrengung. Wo liegt Europa? Wo befindet sich der Raum öffentlicher Selbstwahrnehmung der Europäer? Auf solche Fragen findet man seit geraumer Zeit keine Antworten.

Historische Krisenerfahrungen zeigen uns auch die positiven Möglichkeiten in der Umsetzung solcher Ereignisse. Als 1954 die europäische Verteidigungsgemeinschaft mit einer europäischen Armee und einem europäischen Verteidigungsminister und die europäische politische Gemeinschaft mit einer eigenen Verfassung gescheitert waren, entwickelten sich aus der tiefen Krise die Römischen Verträge, die die Europäische Wirtschaftsgemeinschaft (EWG) und die Europäische Atomgemeinschaft kreierten. Ähnliches passierte in den 1970ern und 1980ern, als die „Eurosklerose" zur Binnenmarktvollendung führte.

Der durch die neue Weltunordnung herausgeforderte Kontinent kann nicht einfach fortschreiben, was einst für die EWG mit sechs Mitgliedstaaten galt. Die EU mit ihren heute 27 Mitgliedstaaten muss differenzierter organisiert werden. Es bedarf der großen Verständigung auf neue Begründungskonstellationen, die Europa bestehen lassen. Das kann nur mit einer neuen strategischen Kultur gelingen: mit europäischer Handlungsfähigkeit, europäischer Verstehbarkeit und europäischen Erfolgen.

Ein Blick in die Geschichte zeigt: Krisen haben zunächst Problemdruck ausgelöst, dann zu Lernprozessen geführt und schließlich zu Problemlösungen. Fehlende Antworten auf die Sinnfrage haben zu Katastrophen geführt. Die Orientierung des neuen Europa ist also der geistige Beitrag zur Vermeidung einer Katastrophe.

Wie kann nun die strategische, kulturell fundierte Antwort auf diese höchst schwierige Lage aussehen? Sie kann nicht in dem historischen Hinweis auf die Gründerzeiten und ihre Erfolge bestehen – was häufig genug versucht wird. Manche politische Kulisse der Integration stammt noch aus den Gründerzeiten, als Antwort auf die Kriegserfahrung zu geben war – oder dann, als die Einigung Europas politisches Überlebensprinzip im weltpolitischen Konflikt zwischen Ost und West war. All das ist heute weitgehend konsumiert. Wer die große Zeitenwende Europas positiv und erfolgreich beantworten will, der benötigt einen neuen strategischen Horizont.

Schritte in die Zukunft

Vor dem Hintergrund dieser komplexen historischen Lage muss die Europäische Union nun möglichst schnell Strategien, Konzepte, Organisationspläne für die Zeit nach dem Krieg in der Ukraine entwickeln. Angela Merkel hat in ihrem ersten Interview nach ihrer langjährigen Kanzlerschaft dazu den wunden Punkt markiert: „Es ist uns nicht gelungen, eine europäische Sicherheitsstruktur aufzubauen, die den russischen Angriff verhindert hätte." Genau darum geht es: Die EU muss am Aufbau einer Sicherheitsstruktur in enger

Abstimmung mit den USA und unter Einbeziehung Russlands aktiv mitwirken, um künftige Kriege zu verhindern.

Entwickelt Europa ein neues Verantwortungsethos, dann hat es das Potenzial, die rettende Antwort auf die Globalisierung zu geben – nach innen und nach außen. Nur eine höchst effektiv integrierte EU ist stark genug, ihren Mitgliedern Schutz, Ordnung und Individualität zu garantieren, während sie nach außen zugleich Standards für eine gerechtere Globalisierung setzen kann. Kraft seiner Sicherheitsmacht und seiner Wirtschaftsmacht sollte Europa in der digitalisierten und multipolaren Welt Maßstäbe setzen und sich zutrauen, diese nicht nur gegenüber den USA, China und Russland, sondern auch gegenüber Indien, Japan und Brasilien zu behaupten.

Man muss dazu eine neue strategische Initiative ergreifen. Es gilt, die strategischen Köpfe unserer Zeit – man könnte im übertragenen Sinne sagen: die Jacques Delors, die Henry Kissingers, die Michel Barniers oder auch die Walter Hallsteins und die Egon Bahrs unserer Zeit – vertraulich zusammenzubringen und deren Zusammenarbeit zu organisieren. So können dann europapolitische Erfolge erzielt werden. Die Europäische Union braucht diesen anspruchsvollen Diskurs, um den Aufbruch in eine neue Erfolgsära vollziehen zu können.

Eine ethisch fundierte Realpolitik der Friedenssicherung. Eine philosophische Perspektive

VON JULIAN NIDA-RÜMELIN

Im Kern ein geopolitischer Konflikt

Um eine Perspektive für die Zeit nach dem Krieg in der Ukraine zu entwickeln, ist es erforderlich, sich ein realistisches Bild der Konfliktursachen zu machen. Kriegszeiten sind immer auch Hochzeiten der Propaganda und der Ideologie. Als Deutschland sich zusammen mit Frankreich gegen eine Beteiligung am zweiten Irakkrieg der USA entschied, lief die Propagandamaschinerie auf vollen Touren und unterschied das „alte", vermeintlich verkrustete und handlungsunfähig gewordene Europa vom „neuen Europa der Willigen", die gern an der Seite der USA in den Krieg gegen Saddam Hussein zogen. Der Öffentlichkeit wurde weisgemacht, dass die Sicherheit der USA durch Massenvernichtungswaffen des Irak auf dem Spiel stünde (Colin Powell, der damalige Außenminister der USA, hat seinen Auftritt vor den Vereinten Nationen dazu Jahre später bitter bereut), und angesichts der vermeintlich apokalyptischen Bedrohung durch das über Jahrzehnte vom Westen unterstützte Regime – mit der Vision eines demokratischen Irak der Nachkriegszeit, prowestlich und demokratisch, als Brückenkopf einer Liberalisierung des Nahen Ostens – schien auch der offene Bruch des Völkerrechts legitimiert zu sein.

Auch der aktuelle, ebenfalls völkerrechtswidrige Angriffskrieg Russlands auf die Ukraine wird mit einer ganzen Kaskade völlig abwegiger Argumente zu rechtfertigen versucht. So behauptet die russische Propaganda, dass es darum ginge, die Ukraine von einem faschistischen Regime zu befreien, es kursieren ideologische Traktate, die Russland eine historische Führungsrolle in Asien zuschreiben, die aktiviert werden müsse, um den Verlust orthodoxen Glaubens und traditioneller Lebensformen gegen westliche Dekadenz zu verteidigen.

Tatsächlich folgen beide Angriffskriege einem strategischen Kalkül des Aggressors und sie sind beide begleitet von massiven Fehleinschätzungen. So wie damals die US-Administration erwartete, dass die irakische Bevölkerung dankbar den Sturz des Diktators begrüßen und sich fortan unter einer demokratischen Regierung mit dem Westen verbünden würde, so erwartete die russische Regierung 2022 einen rasch erreichbaren Sturz der Selenskyj-Regierung und breite Unterstützung in der russlandfreundlichen und russischsprachigen Bevölkerung der Ukraine. Das strategische Kalkül der USA 2003 war darauf ausgerichtet, die Situation nach 9/11 für eine neue Ordnung des Mittleren Ostens zu nutzen, einen potenziellen Aggressor gegen Israel zu beseitigen und im vergleichsweise technologisch hoch entwickelten Irak eine Modernisierung einzuleiten, die zu wirtschaftlichem Wohlstand und Demokratie führen würde. Da diese strategischen Ziele als Legitimierung eines Angriffskrieges nicht ausreichten, mussten andere Beweggründe genannt werden, die sich als bloße Propaganda, Selbsttäuschung oder Ideologie erwiesen.

Das strategische Kalkül Putins war darauf ausgerichtet zu verhindern, dass Russland zu einer mittleren Macht von lediglich regionaler Bedeutung absinken – oder dort in der Weltwahrnehmung verharren – würde, und eine weitere Ausdehnung US-amerikanischer und generell westlicher Einflusszonen zu stoppen. Eine von außen schwer einschätzbare Rolle mag auch die Situation der beiden Separatistenregionen im Osten der Ukraine gespielt haben, die sich berechtigt oder nicht einer wachsenden Bedrohung durch ukrainisches Militär ausgesetzt sahen.

Zu einer auf realistischer Grundlage vorzunehmenden normativen Einschätzung gehört eine von Interessen und Ideologien unbeeinflusste Analyse der Konfliktursachen. Die im öffentlichen Diskurs dominierenden Narrative vernebeln den Blick. Das mehr oder weniger staatsoffizielle Narrativ Russlands sieht die Ukraine auf dem Wege in den Faschismus, die, antirussisch agierend, alle kulturellen Bindungen kappen und sich zum aggressiven Vorposten einer immer noch strategisch dominierenden, militärischen und ökonomischen Supermacht USA auf dem eurasischen Kontinent machen wolle, was die Verteidigungsfähigkeit Russlands mittel- und langfristig unterminieren werde. Das dominierende Narrativ im Westen lautet, dass Russland immer schon seine Einflusszone in den früheren Grenzen der Sowjetunion wiederherstellen wollte und lediglich einen Anlass gesucht habe, um nun zum wiederholten

Male (nach anderen kriegerischen Konflikten in Tschetschenien, Georgien, Ossetien) dieses Vorhaben zu realisieren. Die Erwartung, Russland könne in eine europäische Friedensordnung eingebunden werden und ökonomischer Austausch könne diese Entwicklung befördern, habe auf einer Illusion beruht, die jetzt für alle offenkundig geworden sei. Eine Friedensordnung in Europa lasse sich nur gegen und nicht mit Russland etablieren. Ein Sieg der Ukraine über Russland sei dafür ebenso erforderlich wie eine massive Aufrüstung der NATO insbesondere in den Grenzgebieten zu Russland.

Wie alle Narrative enthalten auch diese Bezüge zur Realität, die aber durch die Gesamterzählung entstellt werden und zur Fehlsteuerung der politischen Praxis beitragen. Vielleicht genügt ein Gedankenexperiment, um die Fragwürdigkeit beider Narrative deutlich zu machen. Man stelle sich etwa vor, es gäbe nicht nur ein von den USA geführtes Militärbündnis, die NATO, sondern auch ein russisch geführtes, sodass sich zwei Militärbündnisse gegenüberstünden, wie dies nach dem Zweiten Weltkrieg bis zum Ende der Sowjetunion der Fall war. Angenommen nun, erstarkende innenpolitische Kräfte in Kanada wendeten sich von der bisherigen engen Anbindung an die USA ab und befürworteten stattdessen eine enge Anbindung an Russland. Die Konflikte in Kanada eskalierten und führten in Ottawa zu gewaltsamen Konflikten, in Präsidentschaftswahlen siegten einmal die proamerikanischen, dann wieder die prorussischen Kandidaten und auf dem Höhepunkt des Konfliktes böte Russland Kanada den Beitritt zum russisch geführten Militärbündnis an. Dieses Angebot würde zwar zunächst wegen interner Widerstände innerhalb des russisch geführten Militärbündnisses nicht umgesetzt, bliebe aber auf der politischen Agenda der kanadischen Regierung, die, herausgefordert durch proamerikanische Separatisten, die proamerikanische Minderheit in Kanada zunehmend drangsalierte. Glaubt irgendjemand, dass die Vereinigten Staaten einem solchen Szenario tatenlos zusehen würden? Würden die USA den Beitritt Kanadas zu einem russisch geführten Militärbündnis akzeptieren? Bei realistischer Betrachtung und ohne ideologische Scheuklappen ist völlig klar: Dies würde nicht geschehen, die USA als ökonomisch und militärisch stärkste Macht der Welt würden diesen Affront, dass ein bislang eng verbündetes Nachbarland sich militärisch und ökonomisch an den Nachfolgestaat der Sowjetunion bindet, nicht zulassen.

Für Skeptiker dieser These sei daran erinnert, dass der Sicherheitsberater des vormaligen Präsidenten Donald Trump bei jeder sich bietenden Gelegenheit darauf hinwies, dass für die US-Regierung die Monroe-Doktrin gelte, die ausschließt, dass fremde Mächte in der amerikanischen Hemisphäre Einflusszonen aufbauen, Militärstützpunkte etablieren, Abhängigkeiten schaffen oder Bündnispartner gewinnen. Der liberale Präsident John F. Kennedy buchstabierte die Monroe-Doktrin 1962 in der sogenannten Kubakrise aus: Die Stationierung sowjetischer Raketen auf Kuba, die die USA erreichen können, würden die USA nicht dulden – Souveränitätsrechte Kubas hin oder her. John F. Kennedy war damals bereit, einen Dritten Weltkrieg zu riskieren, um das durchzusetzen.[1]

---

1   Tatsächlich gab es eine Einigung mit der Sowjetunion im wechselseitigen Interesse, wie sich später herausstellte, wonach die Sowjetunion die Stationierung von Raketen auf Kuba nicht weiterverfolgte unter der Bedingung, dass die USA ihrerseits ihre Raketen in der Türkei zurückziehen.

Beide Kriege, der im Irak und der in der Ukraine, haben eine Vielfalt von Konfliktursachen. Im Falle des zweiten Irakkriegs spielten die Interessen Israels eine wichtige Rolle, wohl aber auch die damals noch für die USA bedeutendere Frage der Sicherung fossiler Ressourcen, möglicherweise auch eine Fehleinschätzung des Baath-Regimes von Saddam Hussein als eines potenziellen Verbündeten des fundamentalistischen Dschihadismus.

Im Falle des Ukrainekrieges[2] spielte vermutlich eine wichtige Rolle, dass Russland militärisch, teilweise auch ökonomisch im Vergleich zu den chaotischen Jelzin-Jahren wiedererstarkt war und sich zunehmend in einer Umklammerungssituation sah zwischen dem ökonomischen Riesen China im Osten und der sich ausweitenden NATO im Westen. Jedenfalls deuten die zunehmende Repression im Inneren Russlands, die Verfolgung von Dissidenten bis zur Ermordung von Journalistinnen und illoyalen Oligarchen im Ausland auf eine zunehmende Nervosität des Putin-Regimes hin. Russland hatte die NATO-Osterweiterung um vormalige Verbündete in Mitteleuropa ohne Proteste oder Sanktionen akzeptiert. Das galt auch noch für die Aufnahme der vormaligen Sowjetrepubliken, der baltischen Staaten Estland, Lettland und Litauen, mit einer unterschiedlich großen, aber beachtlichen russischen Minderheit und damit das implizite Akzeptieren einer gemeinsamen Grenze mit NATO-Staaten, wohl in der Erwartung, dass die militärische

---

2   Diese Bezeichnung gilt nicht als politisch korrekt, stattdessen sollte man jeweils schreiben „des völkerrechtswidrigen Angriffskrieges Russlands auf die Ukraine". Da wir allerdings vom „Irakkrieg" und nicht vom „völkerrechtswidrigen Angriffskrieg der USA auf den Irak" sprechen, sollten in beiden Fällen auch die Kurzfassungen Irakkrieg beziehungsweise Ukrainekrieg zulässig sein.

Integration und Präsenz zurückhaltend praktiziert würde, wie es auch von der NATO-Russland-Grundakte von 1997 gefordert wird. Während der einflussreiche US-Diplomat George F. Kennan die Administration Bill Clinton 1997 scharf dafür kritisierte, die NATO bis zu den Grenzen Russlands ausdehnen zu wollen, und vom „verhängnisvollsten Fehler der amerikanischen Politik in der Ära nach dem Kalten Krieg" sprach, befürwortete der damalige demokratische Außenpolitiker Senator Joe Biden vor dem Atlantic Council am 18. Juni 1997 eine Erweiterung der NATO nach Osten und ein faires „burden sharing", warnte aber zugleich davor, Russland durch die Osterweiterung bis an seine Grenzen zu provozieren: „Wenn es jemals etwas gäbe, welches das Gleichgewicht im Sinne einer heftigen und feindseligen Reaktion – ich meine nicht militärisch – in Russland kippen könnte, dann wäre es das." Nicht die Aufnahme der baltischen Staaten in die NATO im Rahmen der zweiten Osterweiterung 2004, sondern erst das Angebot von George W. Bush 2007, die Ukraine und Georgien in die NATO aufzunehmen, schienen von russischer Seite als Überschreiten einer roten Linie interpretiert zu werden. Ab da wurde der Ton rauer und die expliziten und impliziten Drohungen, auch die Interventionen in die innenpolitischen Verhältnisse der Ukraine, nahmen zu.

Diese hier skizzierte Abfolge von Ereignissen und Reaktionen spricht dafür, dass es sich primär um einen geopolitischen Konflikt handelt. Die USA und Russland haben militärische Ressourcen und auch finanzielle Unterstützungen in großem Umfang investiert, um eine prowestliche bzw. prorussische Ukraine bei einer tief gespaltenen und von oligarchischen Interessen manipulierten Bevölkerung zu schaffen. Die Hoffnung bei manchen Strategen im Westen war[3], dass Russland als mächtiger weltpolitischer Akteur trotz seines beachtlichen Nuklearwaffenpotenzials ausgeschaltet werden könne, schon um die Konzentration auf den sich für die Zukunft abzeichnenden Konflikt mit China zu ermöglichen. Die Hoffnung in Russland war, diesen strategisch wichtigen Staat dauerhaft an sich binden und die prowestlichen Bestrebungen in der ukrainischen Gesellschaft eindämmen zu können.

Das politische und militärische Disengagement in der Zeit der Präsidentschaft Trump und teilweise schon zuvor während der Präsidentschaft Obama zeigt, dass die geopolitische Dimension in der US-Außenpolitik nicht durchgehend Priorität hatte. Diese Episoden, in denen die Tradition des US-Isolationismus wiederauflebte, ändern aber nichts an der generellen Einschätzung des Konfliktes als eines primär geopolitischen. Daher kann es eine nachhaltige Friedensordnung nach dem Krieg nur geben, wenn die geopolitische Konfliktlage in der Region entschärft wird.

Idealismus und Realismus in den internationalen Beziehungen

In der Geschichte des politischen Denkens stehen sich seit Jahrhunderten Realisten und Idealisten der internationalen Beziehungen

---

3   Vgl. das Buch des vormaligen Sicherheitsberaters von Präsident Carter und Experten für Internationale Beziehungen Zbigniew Brzezinski: *The Grand Chessboard: American Primacy and Its Geostrategic Implications.* New York: Perseus Books 1997 (deutsch u. d. T. *Die einzige Weltmacht. Amerikas Strategie der Vorherrschaft* zuletzt bei Kopp 2015 erschienen).

(IB) gegenüber. Thomas Hobbes gilt dabei als Urvater des IB-Realismus und Immanuel Kant als der bedeutendste Klassiker des IB-Idealismus. Thomas Hobbes war überzeugt, dass sich die einzelnen Akteure außerhalb einer staatlichen Zwangsgewalt, die alle durch Gesetze und ihre konsequente Durchsetzung („to keep them all in awe") zur Kooperation und zur Einhaltung der dafür erforderlichen Regeln zwingt, keinen beständigen Frieden geben können, dass vielmehr die Konflikte zum berühmten Krieg aller gegen alle eskalieren würden. Die bloße Einsicht in diejenigen Regeln, die den Frieden sichern würden, reicht nicht aus, um die Handlungen entsprechend auszurichten; die Eigeninteressen der Akteure halten diese davon ab, sich an friedenssichernde Regeln der Kooperation und des Konfliktausgleichs zu halten. Der Kerngedanke des IB-Realismus lautet: Die Staaten agieren mangels einer übergeordneten, globalen Zwangsgewalt in einem Hobbes'schen Naturzustand. Staaten dürfen, ja sollten ihre nationalen Interessen verfolgen und kriegerische Mittel einsetzen, wann immer diese für die Durchsetzung dieser Interessen erforderlich sind.

Der IB-Idealismus dagegen hält es für möglich, auch ohne eine globale Rechts- und Zwangsordnung nachhaltig Frieden zu sichern, wenn bestimmte Voraussetzungen erfüllt sind. Welche dies sind, ist Inhalt des Klassikers des IB-Idealismus „Zum ewigen Frieden", von Immanuel Kant 1795 publiziert. Kant entwirft hier einen Weltfriedensvertrag, der die Staaten zu einer demokratischen („republikanischen") Verfassung anhält, internationale Geheimabsprachen verbietet, die Außenpolitik der öffentlichen Kontrolle unterwirft („Publizität"), stehende Heere und finanzielle Abhängigkeiten zwischen Staaten verbietet und damit den Krieg als Mittel der Politik verbannt.

Kant selbst und viele seiner Anhänger waren skeptisch, ob die Politik je auf ihre „idealistischen" Entwürfe eingehen würde, und daher war es umso überraschender, als rund 200 Jahre nach dem Erscheinen der Friedensschrift ein amerikanischer Politikwissenschaftler feststellte, dass es trotz Hunderter von kriegerischen Auseinandersetzungen seit dem Erscheinen dieser Schrift noch nie eine zwischen zwei genuin demokratischen Staaten gegeben hat. Kants Idee des demokratischen Friedens war damit sogar ohne einen „foedus pacificum", einen Weltfriedensvertrag, rehabilitiert.

In der aktuellen Diskussion um Krieg und Frieden, ausgelöst durch den russischen Angriffskrieg auf die Ukraine, erscheinen die traditionellen Fronten zwischen Realismus und Idealismus vertauscht. Es sind gerade die führenden Vertreter einer realistischen Theorie und Praxis der internationalen Politik, US-Strategen im Kalten Krieg wie zum Beispiel George F. Kennan, Henry Kissinger oder John Mearsheimer, die für eine Mäßigung des Westens im Ukrainekonflikt plädieren und vor einer Ausdehnung der NATO bis an die Westgrenze Russlands gewarnt haben. Wie kann es andererseits sein, dass diejenigen, die noch vor wenigen Jahren überzeugt waren, dass es darum gehe, eine Welt ohne Waffen zu schaffen, dass jeder deutsche Waffenexport, zumindest dann, wenn er an Länder außerhalb der NATO geht, illegitim sei, sich nun Sorgen machen, dass die Bevölkerung kriegsmüde werden könnte, und für die Lieferung von immer mehr und immer schwereren Waffen in die Ukraine plädieren?

Eine Antwort auf diese Frage liegt auf der Hand: Sowohl Realismus wie Idealismus in der Politik generell und in den internationalen Beziehungen speziell können eine eher pazifistische oder eine eher bellizistische Fasson annehmen. So war der Stratege der

Brandt'schen Ostpolitik, Egon Bahr, zweifellos ein Realist. Er sah die Staaten und ihre Interessen realistisch und war darauf bedacht, einen Interessenausgleich herbeizuführen. Von daher verbot sich für ihn auch die Einmischung in innere Angelegenheiten, etwa die offene Unterstützung von Dissidenten in den kommunistischen Ländern durch die Bundesregierung. Auch Helmut Schmidt, der Nachfolger Willy Brandts im Kanzleramt, neigte einer realistischen Sichtweise zu und forderte deswegen die NATO-Nachrüstung, um angesichts sowjetischer Mittelstreckenwaffen, die auf Westeuropa gerichtet waren, keine strategische Abschreckungslücke aufkommen zu lassen. Die daraufhin aufkommende Friedensbewegung in den 1970er und 1980er Jahren, die zum Wachsen und zur Etablierung der Grünen als parlamentarischer Kraft einen wesentlichen Beitrag geleistet hat, wandte sich damals mit zweifellos idealistischen Motiven gegen dieses strategische Kalkül. Die Zeit der militärstrategischen, speziell der nuklearen Glasperlenspiele sollte vorbei sein und neuen Formen der globalen Kooperation Platz machen. Für viele Engagierte spielte dabei die Verharmlosung der diktatorischen Regime im sogenannten Ostblock eine Rolle.

Der IB-Idealismus kann jedoch auch militante, bellizistische Züge annehmen. Dann setzt er kriegerische Mittel mehr oder weniger skrupellos ein, um übergeordnete Ziele wie die Beachtung der Menschenrechte und die Durchsetzung der Demokratie zu erreichen. Der sogenannte humanitäre Interventionismus der 1990er Jahre ist dafür ein offenkundiger und in seinem fast durchgängigen Misserfolg ernüchternder Beleg. Auch der zweite Irakkrieg camouflierte sich als idealistisch motiviert: Offiziell ging es nicht um die Durchsetzung US-amerikanischer Interessen in der Golfregion, sondern um Menschenrechtsverletzungen und die Bedrohung des Weltfriedens durch Massenvernichtungswaffen.

Das idealistische Motiv einer nachhaltigen Friedensordnung hat nach dem (vorläufigen) Ende des Ost-West-Konflikts zu der Erwartung geführt, dass nun der Westen, speziell die USA, mit oder ohne die NATO eine neue Friedensordnung schaffen und durchsetzen müsse. Das triumphale Gefühl, den Kalten Krieg gewonnen zu haben und über die einzige Supermacht der Welt zu verfügen, gab dieser Variante idealistisch motivierter oder jedenfalls idealistisch legitimierter militärischer Interventionen Auftrieb. Diese Form eines militanten IB-Idealismus hatte zur stillschweigenden Voraussetzung, dass es keine Geopolitik mehr gebe, das Denken in Einflusszonen passé sei und es nun um die Durchsetzung von Menschenrechten weltweit gehe. Die USA und andere westliche Länder sahen sich dabei in der Rolle des Weltpolizisten, der eine avisierte globale Rechts- und Friedensordnung durch Interventionen sichern müsse. Dieser militante IB-Idealismus stieß sich allerdings von Anbeginn mit den Realitäten westlicher Außenpolitik. Ausgerechnet die USA traten, ebenso wie Russland und China, nicht dem Weltstrafgericht bei, also einer der wichtigsten Institutionen im Aufbau einer globalen Rechtsordnung. Ausgerechnet die USA, auch Russland, auch China, blockierten lange Zeit eine globale Verantwortungspolitik gemeinsamer Sozialstandards sowie der Klima- und Umweltschutzpraxis. Die humanitären Interventionen fanden dort statt, wo auch westliche Interessen im Spiel waren, und blieben andernfalls aus oder verzögerten sich erheblich.[4]

---

4   Ruanda und im Gegensatz dazu Syrien oder Libyen.

Der aktuelle bellizistische IB-Idealismus präsentiert das Narrativ, dass es sich bei dem Konflikt zwischen der Ukraine und Russland um eine Auseinandersetzung zwischen einer liberalen Demokratie und einer diktatorischen Autokratie handele. Tatsächlich sind sich die politischen Systeme der Ukraine und Russlands auffällig ähnlich. In beiden spielt Korruption eine sehr große Rolle, in beiden bestimmten und bestimmen Oligarchen mit ihren politischen Marionetten die Politik, in beiden werden Minderheiten unterdrückt, Schwule misshandelt und Menschenrechte missachtet. Auch wenn sich die Situation in der Ukraine eher verbessert und in Russland deutlich verschlechtert hat, ist die demokratische Qualität dieser beiden Länder im internationalen Vergleich äußerst niedrig. In der Ukraine werden nicht westliche oder europäische Werte verteidigt, sondern die nationale Souveränität dieses Landes und die beabsichtigte stärkere Anbindung an den Westen gegen einen Aggressor, der dies unterbinden will.

Die mögliche Aufnahme der Ukraine in die Europäische Union wirkt für Russland weniger verstörend als die Aufnahme in die NATO. Ja, es gab Zeiten, in denen Russland selbst von einem gemeinsamen Wirtschaftsraum von Lissabon bis Wladiwostok schwärmte und eine enge Assoziation mit der EU, eingebettet in eine neue europäische Sicherheitsarchitektur, anstrebte. Die normativ tragende Rechtfertigung für die militärische Unterstützung der Ukraine ist nicht die Verteidigung einer liberalen Demokratie gegen einen autokratischen Aggressor, sondern die Verteidigung nationaler Souveränität. Hussein hatte die nationale Souveränität Kuwaits durch seinen Einmarsch zunichtemachen wollen, und Russland ist bislang nicht dem Eindruck entgegengetreten, dass es das gleiche Ziel in der Ukraine verfolgt. Kuwait war keine liberale Demokratie und dennoch war der Beistand gegen den irakischen Aggressor legitim. Nicht legitim wäre es gewesen, diesen Krieg zu nutzen, um den Diktator Saddam Hussein im Irak zu stürzen, worauf zahlreiche Politiker, auch Berater des damaligen Präsidenten George Bush senior, drängten. Erst sein Sohn griff dieses ganz anders geartete Ziel eines Regime Change mit (vermeintlich) idealistischen Begründungen wieder auf.

Auf dem Weg zu einem demokratischen Frieden

Ich bin von der Kantischen Theorie des demokratischen Friedens überzeugt: Der plausibelste Weg zu einer globalen Friedenssicherung ist die Demokratisierung aller Staaten dieser Welt. Demokratien führen gegeneinander keine Kriege, auch weil sie zentrale Normen und Werte teilen, die menschliche Würde, das Verbot, Menschen als bloßes Instrument zu anderen Zwecken einzusetzen, individuelle Freiheit und Gleichheit aller. Der Krieg, wie auch immer begründet, ist mit diesen Normen und Werten unvereinbar. Die bewusste Tötung menschlichen Lebens, wie es im Krieg praktiziert wird, ist mit den humanistischen Grundlagen der Demokratie unverträglich.[5]

Diese Theorie legitimiert aber keine Außenpolitik des Regime Change, keine Einmischung in innere Angelegenheiten, keine Rolle

---

5 Zu meinem Humanismusbegriff vgl. Julian Nida-Rümelin: *Humanistische Reflexionen*. Berlin: Suhrkamp 2016.

des Westens oder der USA oder der NATO als Weltpolizist. Der Weg zur Demokratie darf nicht von außen aufgezwungen, sondern muss Ergebnis einer inneren Entwicklungsdynamik sein. Die Welt hat sich mit der General Declaration of Human Rights vom 10. Dezember 1948, den beiden Menschenrechtspakten aus der Mitte der 1960er Jahre und den zahlreichen seither etablierten Konventionen auf ein humanistisches Verständnis von Politik geeinigt, jedenfalls verbal. Die Demokratie ist diejenige Staats- und Lebensform, die sich an den Menschenrechten orientiert. Sie mit Gewalt oder in Gestalt der Einmischung in innere Angelegenheiten durchsetzen zu wollen, bleibt dennoch illegitim.

Die ökonomischen und militärischen Machtverhältnisse, wie sie sich in den letzten Jahrzehnten entwickelt haben, würden einen militanten IB-Idealismus ohnehin scheitern lassen. Eine Friedensordnung nach dem Krieg muss von den Realitäten unterschiedlicher Staatsverfassungen ausgehen und die idealistisch verbrämte expansive Geopolitik der USA und anderer westlicher Länder ebenso beenden wie die zunehmend unverhohlen imperialistische Geopolitik Russlands und Chinas. Das Verbot der Einmischung in innere Angelegenheiten, wie es in der UN-Charta formuliert ist, muss seine normative Kraft zurückgewinnen, um zu verhindern, dass der Weg zu einer globalen Friedensordnung, die nachhaltig wohl nur zu erreichen ist, wenn alle Staaten demokratisch geworden sind, durch die Hölle des Nuklearkrieges führt.

Das Fenster der Opportunitäten, das für den Westen einige Jahre nach dem Ende des Ost-West-Konflikts und dem Zusammenbruch der bipolaren Weltordnung offen stand, schließt sich. Die Zeit wurde mit einer dichten Folge humanitärer Interventionen verplempert, die sich fast durchgängig als Fehlschlag erwiesen haben: Irak, Afghanistan, Libyen, Syrien u. a. Der Washington Consensus des globalen Staatsabbaus mit der Vision einer globalen kapitalistischen Marktordnung mit unregulierten Finanzmärkten ließ den finanzwirtschaftlichen Sektor dominant werden, destabilisierte die internationalen Wirtschaftsbeziehungen und endete im Katzenjammer zunächst der New-Economy-Krise und dann der Weltwirtschaftskrise, ausgelöst durch ein Übermaß an Liberalisierung und Deregulierung. Statt eine neue Weltordnung unter fairer Beteiligung aller aufzubauen, entstanden die Dominanz der Weltfinanzzentren des Westens und ein entfesselter Kasino-Kapitalismus.[6] Die viel geschmähten Nationalstaaten waren es, die mit Steuermitteln das Schlimmste verhinderten und wechselseitig unabgestimmt Finanzinstitute mit Milliardenbeträgen retten mussten, was zur Delegitimierung der Demokratie in weiten Teilen des Westens beigetragen hat. Statt einer neuen weltwirtschaftlichen Kooperation zwischen den ökonomisch hoch entwickelten Regionen und dem globalen Süden gab es Freihandelsverträge innerhalb der westlichen Hemisphäre und Knebelungsverträge mit den ökonomisch am wenigsten entwickelten Weltregionen. Statt das Ende des Ost-West-Konfliktes zu einer konsequenten Abrüstung nuklearstrategischer Systeme zu nutzen und im konventionellen Bereich strukturelle Nichtangriffsfähigkeit, insbesondere in potenziellen Konfliktregionen wie Osteuropa und dem Nahen Osten, anzuleiten und zum Erfolg zu

---

6   Detaillierteres dazu in: *Internationale Gerechtigkeit und institutionelle Verantwortung*, hg. von Julian Nida-Rümelin, Detlef von Daniels, Nicole Wloka. Berlin: De Gruyter 2019, die Proceedings der von mir geleiteten Interdisziplinären Arbeitsgruppe der Berlin-Brandenburgischen Akademie der Wissenschaften.

führen, setzte sich eine durchsichtige Agenda geopolitischer Einflusszonen durch.

Jetzt ist das Spiel aus: Die geschwächte Supermacht Russland schlägt in Gestalt zynischer Innen- und völkerrechtswidriger Außenpolitik um sich und die neue Supermacht China rüstet sich zum großen Showdown im Konflikt mit den USA. Das Bruttoinlandsprodukt Chinas ist, in Kaufkraftparitäten gemessen, heute in etwa so groß wie das der USA und schon größer als das der Europäischen Union. Der schläfrig erscheinende Riese im Osten strebt unterdessen offen zu seiner über Jahrhunderte angestammten Rolle ökonomischer und kultureller Dominanz in Ostasien zurück. Seine Außenpolitik richtet sich vordergründig allein an den ökonomischen Interessen aus, ohne moralische Imperative und Restriktionen, tatsächlich folgt sie zunehmend einem imperialen Muster der Schaffung von Abhängigkeiten.

Je länger dieser Prozess andauert und je deutlicher dabei wird, dass der Westen seine Glaubwürdigkeit in weiten Teilen des globalen Südens verloren hat, desto lächerlicher mutet die Rolle der NATO als Weltpolizei an. Je früher sie diese Rolle aufgibt, desto eher kann ein Pfad der globalpolitischen Kooperationen beschritten werden, der die Interessen der großen Akteure ernst nimmt, der um Ausgleich bemüht ist und zugleich die Interessen der Schwachen, auch die der zukünftigen Generationen und der Elenden und Hungernden im globalen Süden, angemessen berücksichtigt. Eine moralisierende Idealpolitik wird die Konflikte nicht befrieden, sondern eskalieren lassen. Die ethische Formatierung außenpolitischen Handelns sollte auf die Interessen zukünftiger Generationen, auf die Bewahrung der Artenvielfalt, die Vermeidung einer

Klimakatastrophe, auf globale Sozialstandards der Arbeitsmärkte und auf die Eindämmung der gegenwärtig explodierenden Ungleichheiten gerichtet sein. Eine weitere Konzentration von Kapitalien in den Händen weniger Big-Tech-Monopolisten, deren Eigentümer über Budgets verfügen, die größer sind als die mancher Nationalstaaten, gefährdet zunehmend die politischen Gestaltungsmöglichkeiten einer zukünftigen Weltordnung. Eine auf Regime Change in China oder Russland, auch in kleineren autokratischen oder diktatorischen Staaten abzielende westliche Außenpolitik, auch die Fortsetzung der geopolitischen Agenda einer Ausweitung von westlichen Einflusszonen durch Einmischung in innere Angelegenheiten, durch Waffenlieferungen und Geheimdienstaktivitäten wird das Ziel der globalen Durchsetzung einer an Menschenrechten und demokratischen Werten orientierten Politik nicht erreichen, sondern zur weiteren Destabilisierung beitragen.

Eine ethisch fundierte Realpolitik nimmt die bestehenden Interessenlagen und Machtverhältnisse ernst. Sie sucht dort nach Möglichkeiten des Interessenausgleichs, wo die Konflikteskalation in kriegerische Auseinandersetzungen bis hin zum Nuklearkrieg führen kann. Sie ist pazifistisch insofern, als sie unter den Bedingungen nuklearstrategischer Waffen alles tut, damit es nicht zu einer Selbstvernichtung der Menschheit kommen kann. Sie lehnt aber auch konventionelle Kriege als legitime Mittel der Interessenverfolgung ab. Der Einsatz kriegerischer Mittel ist nur zur Selbstverteidigung legitim. Eine ethisch fundierte Realpolitik rehabilitiert das Souveränitätsprinzip der Charta der Vereinten Nationen. Sie fördert die wirtschaftliche Interdependenz, um den Wohlstand der Welt weiter zu heben und die Kosten kriegerischer Auseinandersetzungen zu erhöhen.[7] Sie setzt Sanktionen nur als letztes Mittel der Politik ein, um das fragile Netz weltwirtschaftlicher Beziehungen nicht mutwillig zu zerstören. Sie lässt keine Doppelstandards zu: Sie beginnt keine völkerrechtswidrigen Angriffskriege, während sie auf völkerrechtswidrige Angriffskriege anderer Staaten mit Sanktionen reagiert. Sie nimmt für sich keine Einflusszonen in Anspruch, die sie nicht auch anderen zugesteht. Und sie ist auf das langfristige Ziel einer globalen Rechtsordnung ausgerichtet, die demokratische und undemokratische Staaten gleichermaßen umfasst, bis die Vision des Kantischen Friedens Realität wird.

---

7   Dies ist eines der Roosevelt'schen Prinzipien, vgl. den Beitrag von Mattias Kumm in diesem Buch.

Den Krieg verhindern –
ein ungehörter früher Weckruf

VON ANTJE VOLLMER

Sisyphos mag vielleicht – nach Albert Camus – ein glücklicher Mensch gewesen sein. Kassandra war es sicher nicht. Glücklich könnte sie sich schätzen, wenn ihre Warnungen die Macht besäßen, das geahnte Unheil abzuwenden. Würde das gelingen, wären zwar die Ahnung und Warnung dem späteren Spott ausgesetzt, aber die Welt wäre doch gerettet. Meistens aber geschieht das Gegenteil. Kassandra ist ohnmächtig. Warnungen, und seien sie noch so berechtigt, retten selten und machen niemanden glücklich. Das Unheil nimmt seinen Lauf.

Am 5. Dezember 2014 wurde in *ZEIT Online* ein Kassandra-Aufruf veröffentlicht mit dem Titel: „Wieder Krieg in Europa? Nicht in unserem Namen!" Er warnte vor der zunehmenden Entfremdung zwischen Europa und Russland und vor einer drohenden Gewaltspirale anlässlich der Konflikte um die Ukraine. Das geschah, mehr als sieben Jahre bevor der Krieg dann wirklich offen ausbrach. Der Aufruf war parteiübergreifend initiiert und so prominent wie nur möglich unterzeichnet: ein ehemaliger Bundespräsident, ein

ehemaliger Bundeskanzler, mehrere ehemalige Ministerpräsiden-
ten aus den neuen und den alten Bundesländern, etliche Bundes-
minister, Staatssekretäre und Abgeordnete, Repräsentanten der
deutschen Wirtschaft, führende Vertreter der Kirchen in Ost und
West, bekannte Künstler, Regisseure, Schauspieler, Liedermacher,
Menschenrechtler und Intellektuelle, ein Biobauer.[1]

Dennoch hatte es der Aufruf schwer in der damaligen deutschen
Öffentlichkeit. Die Redaktion der *Süddeutschen Zeitung*, die das
Dokument zuerst angeboten bekam, ließ nach geraumer Zeit aus-
richten, die Verfasser könnten doch eine bezahlte Anzeige schalten.
Sie selbst hielt sich mit der journalistischen Kenntnisnahme ebenso
zurück wie *ARD, ZDF, Deutschlandfunk, FAZ, Spiegel.* Alle Flak-
schiffe der deutschen Leitmedien hatten wenig Interesse an dieser
Debatte und hielten den Aufruf für reichlich übertrieben.

---

1   Der vollständige Text mit der Liste aller damaligen Unterzeichner findet sich
     auf *ZEIT Online* 2014–12 unter: https://www.zeit.de/politik/2014-12/aufruf-
     russland-dialog. Zu den Unterzeichnern gehörten unter anderen: Mario Adorf
     (Schauspieler), Klaus Maria Brandauer (Schauspieler, Regisseur), Herta Däub-
     ler-Gmelin (Bundesministerin der Justiz a. D.), Eberhard Diepgen (ehemaliger
     Regierender Bürgermeister von Berlin), Erhard Eppler (Bundesminister für
     Entwicklung und Zusammenarbeit a. D.), Roman Herzog (Bundespräsident
     a. D.), Christoph Hein (Schriftsteller), Burkhard Hirsch (Bundestagsvizepräsi-
     dent a. D.), Uli Jörges (Journalist), Margot Käßmann (ehemalige EKD-Ratsvor-
     sitzende und Bischöfin), Friedrich Küppersbusch (Journalist), Lothar de Mai-
     zière (Ministerpräsident a. D.), Reinhard Mey (Liedermacher), Konrad Raiser
     (ehemaliger Generalsekretär des Weltkirchenrates), Otto Schily (Bundesminis-
     ter des Inneren a. D.), Friedrich Schorlemmer (ev. Theologe, Bürgerrechtler),
     Georg Schramm (Kabarettist), Manfred Stolpe (Ministerpräsident a. D.), Wal-
     ther Stützle (Staatssekretär der Verteidigung a. D.), Horst Teltschik (ehemaliger
     Berater im Bundeskanzleramt für Sicherheit und Außenpolitik), Hans-Jochen
     Vogel (Bundesminister der Justiz a. D.), Antje Vollmer (Vizepräsidentin des
     Deutschen Bundestages a. D.), Ernst Ulrich von Weizsäcker (Wissenschaftler),
     Hans-Eckardt Wenzel (Liedermacher), Gerhard Wolf (Verleger).

Der Appell begann mit den Worten: „Niemand will Krieg. Aber Nordamerika, die Europäische Union und Russland treiben unausweichlich auf ihn zu, wenn sie der unheilvollen Spirale aus Drohung und Gegendrohung nicht endlich Einhalt gebieten. Alle Europäer, Russland eingeschlossen, tragen gemeinsam die Verantwortung für Frieden und Sicherheit." Der Ukrainekonflikt zeige erschreckend, dass die Sucht nach Macht und Vorherrschaft trotz der friedlichen Zeitenwende von 1989/90 nicht überwunden sei. Bei Amerikanern, Europäern und Russen sei der Leitgedanke, Krieg aus ihrem Verhältnis dauerhaft zu verbannen, verloren gegangen. Anders sei die für Russland bedrohlich wirkende Ausdehnung der NATO nach Osten ohne eine gleichzeitige Vertrauen schaffende Vertiefung der Zusammenarbeit mit Moskau nicht zu erklären. „Das Sicherheitsbedürfnis der Russen ist so legitim und ausgeprägt wie das der Deutschen, der Polen, der Balten und der Ukrainer. Wir dürfen Russland nicht aus Europa hinausdrängen. Das wäre unhistorisch, unvernünftig und gefährlich für den Frieden. Seit dem Wiener Kongress 1814 gehört Russland zu den anerkannten Gestaltungsmächten Europas. Alle, die versucht haben, das gewaltsam zu ändern, sind blutig gescheitert."

Der Aufruf wandte sich an die damalige Bundesregierung der großen Koalition und erinnerte sie an das Versprechen aus der Zeit der großen Umbrüche der Jahre 1989/90. Sie möge endlich eine gemeinsame europäische Friedensordnung erarbeiten, die sowohl Russland einen Platz in Europa anbieten als auch den jungen neuen Demokratien Sicherheiten garantieren würde. Er bittet die Volksvertreter, über die Friedenspflicht der Regierung zu wachen. Und er wendet sich damals schon an die Medien mit der

Mahnung, nicht weiter ganze Völker oder Personen zu dämonisieren. „Es geht nicht um Putin. Staatsmänner kommen und gehen. Es geht um Europa."

Deutschland trage aufgrund seiner Geschichte und seiner Lage eine besondere Verantwortung für die Bewahrung des Friedens in Europa. Aus der überwundenen deutschen Teilung sollte einmal eine tragfähige europäische Friedens- und Sicherheitsordnung von Vancouver bis Wladiwostok erwachsen, wie sie von allen 35 Staats- und Regierungschefs der KSZE-Mitgliedstaaten im November 1990 in der Pariser Charta für ein neues Europa vereinbart worden war. Auf der Grundlage gemeinsam festgelegter Prinzipien und erster konkreter Maßnahmen sollte ein „Gemeinsames Europäisches Haus" errichtet werden, um die Logik und Konfrontation des Kalten Krieges endgültig zu überwinden. Dieses Ziel der Nachkriegspolitik sei bis heute nicht eingelöst.

Aus heutiger Sicht trägt diese Intervention Züge eines Vermächtnisses. Einer der Autoren, der Sicherheitsexperte Walther Stützle, und viele der Unterzeichner haben den Kriegsausbruch 2022, vor dem sie warnten, nicht mehr erlebt. Das Dokument war wie ein letztes Aufbäumen des präventiven Geistes, der in Ost und West die Nachkriegszeit geprägt hatte. Es fanden sich darin sowohl die Sorge um die Haltbarkeit der Demokratie und um den Frieden im Äußeren und im Inneren als auch die Konzepte der Entspannungspolitik und Abrüstungsbemühungen im Schatten des Kalten Krieges. Hoffnung auf die friedenserhaltende Kraft der Vereinten Nationen und die Früchte des Helsinki-Prozesses prägten ihn ebenso wie die Impulse der weltweiten postkolonialen Ökumene und der Basisgruppen der Friedensbewegung in beiden Teilen Deutschlands.

Auffällig ist: Trotz weniger Ausnahmen ist dies kein Aufruf einer jungen Generation. Das markiert unerbittlich seinen Abstand und die Differenz zum heutigen bellizistischen Grundton in Politik und Medien, der seit Kriegsausbruch die öffentlichen Debatten bestimmt. Es gibt zwischen den Generationen einen scharfen Bruch in der Einordnung des Konfliktes, seiner Ursachen und Folgen, der beunruhigen muss. Dieser Riss geht auch durch viele Familien und alte Freundschaften.

Zwei Gründe für diesen Mentalitätswechsel werden meistens genannt. Einmal wird auf die grundlegende „Zeitenwende" verwiesen, die der russische Angriffskrieg gegen die Ukraine bedeute – zum anderen heißt es, die junge Generation in Politik und Medien gehe offensiver und selbstbewusster mit der Last und den Lehren aus der deutschen Vergangenheit um. Sie gebe dem Motto „Nie wieder Auschwitz" Vorrang vor anderen geopolitischen Zielen und traue sich und dem gesamten Westen damit auch größere Verantwortung in internationalen Konflikten zu.

Gegen diese Bewertung gibt es schwerwiegende Einwände. Vor allem betrifft das die Mahnung, nicht mit zweierlei Maß an die moralische Bewertung politischer Ereignisse heranzugehen. Ausgeblendet wird oft die Tatsache, dass die heute viel zitierte „regel- und wertebasierte Weltordnung" und das Friedensgebot der UNO nicht zum ersten Mal, sondern bereits im Kosovo- und Irakkrieg verletzt wurden, als die NATO ohne UN-Mandat mit einer „Koalition der Willigen" ihre Sicht der Lage militärisch durchzusetzen versuchte. Das macht den heutigen russischen Verstoß gegen das Gewaltverbot der UNO keinen Deut besser und ist zu Recht auch von der UN-Vollversammlung mit großer Mehrheit verurteilt worden – aber es dürfte doch das Gefühl unendlicher moralischer Überlegenheit etwas bremsen. Von Sanktionen war damals nicht die Rede.

Noch wichtiger ist es nachzuforschen, warum eine junge Generation heute deeskalierende präventive Politik bei internationalen Konflikten als moralisch verwerfliche „Appeasement-Haltung" verurteilt oder sogar als verantwortungslosen „Lumpen-Pazifismus" denunziert. In dieser Frage steht eine ernsthafte Generationenauseinandersetzung an, der keine Seite länger ausweichen kann.

Meine These lautet: Die Ursache dieser kontroversen Sichtweisen liegt in der unterschiedlichen Beurteilung der Frage, welche politische Haltung entscheidend zur großen echten Zeitenwende der Jahre 1989/90 und zum Zusammenbruch des Sowjetsystems geführt hat.

Die eine Seite – die der alten und der neuen jungen Neocons – behauptet: Die Standhaftigkeit des Westens, seine überlegene demokratische Werteordnung, seine freiheitliche Strahlkraft und die NATO-Nachrüstung hätten eine kraftlos gewordene, korrupte Staatsführung der Sowjetunion schlicht hinweggefegt. Dazu seien die gigantischen Probleme eines überholten staatssozialistischen Wirtschaftssystems gekommen, die schließlich zu einer Implosion des ganzen Staates geführt habe. Entscheidend für den Umbruch sei das Bündnis des Westens mit den antitotalitären Oppositions- und Freiheitsbewegungen in ganz Osteuropa gewesen, sodass der Regime Change zuletzt wie eine reife Frucht vom Baum der Geschichte fiel. Dieses Werk sei aber noch nicht vollendet, weil ein zunehmend autoritäres und diktatorisches russisches Regime quasi die Erneuerung des Sowjetimperiums unter anderen ideologischen Vorzeichen vorbereite. Demgegenüber müsse nun auch militärisch und mit immer entschlosseneren Sanktionen Widerstand geleistet werden, denn mit dem Angriff auf die Ukraine würde ein Putin sich nicht zufriedengeben. Sein Ziel sei die Zerstörung der Nachkriegsordnung. Unser aller Freiheit und Demokratie seien bedroht, da dürfe es keine pazifistischen Illusionen mehr geben, die Einheit Europas im Abwehrkampf gegen den Kriegsherrn dürfe nicht aufgespalten werden. Diese Sicht des Konfliktes herrscht sowohl in den nachsowjetischen neuen Demokratien Osteuropas vor (Polen, baltische Staaten etc.) als auch in der jungen Politikergeneration nahezu aller deutschen Parteien. Sie weiß sich getragen von der Mehrheitsmeinung in nahezu allen publizistischen Medien und in den politischen Thinktanks.

Die andere Deutung ist weniger idealistisch-missionarisch und weniger auf die euroatlantische Sicht konzentriert. Sie ist weniger revolutionär, sondern eher reformorientiert und pragmatisch. Sie ist erheblich skeptischer in der Einschätzung, dass alle Länder der Erde nach westlichem Vorbild leben möchten. Sie weiß um die historischen Vorbehalte gegen westliche Dominanz und Hybris in Asien, Afrika, Lateinamerika und dem Nahen Osten. Sie deutet die Ereignisse von 1989 als ein Zusammenkommen von vielen sehr unterschiedlichen Faktoren, die alle in einem günstigen Punkt gemeinsam wirksam werden mussten, damit der Umsturz nicht gewalttätig und blutig, sondern so friedlich wie nur irgend möglich stattfinden konnte. Neben der Strategie der Abschreckung zwischen den Blocksystemen und den Erfolgen der Bürgerproteste innerhalb der Gesellschaften betonen sie vor allem die Methode der Entspannungspolitik, der vielen Verhandlungen auf Regierungsebene, die alle das Ziel hatten, auch die herrschende

Moskauer Nomenklatura in einen Prozess der Reformen einzubeziehen. Die Konferenzen in Helsinki, die Ostverträge und die vielen
bilateralen Reformvorhaben und wirtschaftlichen Verknüpfungen
gerade zwischen Deutschland und der Sowjetunion galten hier als
Garanten für die erforderlichen stabilen Kooperationen zwischen
den Machtblöcken. Sie zielten auf anwachsendes Vertrauen selbst
im Kreml, irgendwann ein Teil eines gemeinsamen europäischen
Sicherheitssystems in einem geeinten euroasiatischen Kontinent zu
werden. Erdacht war dieses Konzept in der SPD, von Willy Brandt
und Egon Bahr, wirksam war es in der deutschen Politik aber auch
bei Kohl und Genscher, Weizsäcker und Schmidt – bis hin zu Ger-
hard Schröder. Seinen kongenialen Partner fand es in Michail Gor-
batschows Perestroika-Politik. Joschka Fischer und Angela Merkel
dagegen markieren bereits die Zeit des Umbruchs zu anderen, jetzt
eher euroatlantischen Konzepten.

Gerade das Moment der Gewaltfreiheit in den Umbruchprozes-
sen ist für die Haltung der Entspannungspolitiker entscheidend –
und steht damit auch im Zentrum vieler heutiger Angriffe auf
diese Position. Damit der Prozess gewaltfrei verlaufen konnte und
möglichst wenige Opfer forderte, gab es keine Alternative zu uner-
müdlichen geduldigen Verhandlungen, teils offener, teils verdeckter
Natur. Auf alte Feindbilder und Dämonisierungen musste ebenso
verzichtet werden wie auf das Bedürfnis, am Ende des Prozesses
einen Sieg des eigenen Systems verkünden zu können. Sanktionen
wurden als konfliktverschärfend abgelehnt und nicht einmal beim
Einmarsch des Warschauer Paktes in Prag 1968 erwogen. Das entscheidende Symbol dieser Politik war der Runde Tisch, an dem alle
Beteiligten saßen, auch die früheren Machthaber. Das historische

Vorbild war der Wiener Kongress, der nach den Napoleonischen Kriegen auch dem besiegten Frankreich einen ehrenvollen Platz in Europa einräumte. Dem Verzicht auf Gewalt und auf ein Blutbad, zu dem auch ein zusammenbrechendes Nuklearimperium gerade angesichts seines drohenden Untergangs immer noch in der Lage gewesen wäre, wurde eine enorme Bedeutung für die weitere Zukunft Europas zugemessen. Dieser Gewaltverzicht sollte sich angesichts der Aussicht auf das gemeinsame zukünftige europäische Haus für alle Beteiligten lohnen.

Das heutige Russland sieht sich um diesen Lohn und diese Zukunftsperspektive betrogen. Darin liegt ein Teil der Ursachen für seine heutigen innen- und außenpolitischen Verhärtungen. Man muss diese Ansicht nicht teilen, aber man muss sie realpolitisch in Rechnung stellen bei allem, was seit der Jahrtausendwende zwischen Ost und West versäumt wurde. Niemand kann heute behaupten, er habe nicht gewusst, dass mit den Konflikten um die Ukraine eine rote Linie für Russland überschritten wird. Diese Ansicht teilt selbst die noch vorhandene Opposition in Russland. Hier Kompromisse zu finden, wäre die zentrale Aufgabe der europäischen Diplomatie gewesen. Die aber war vorrangig mit sich selbst beschäftigt, mit den Kriegen im Nahen Osten, mit dem Terror, mit den Flüchtlings- und Finanzkrisen und dem Bemühen, in einer globalisierten Welt das Bewusstsein der westlichen Dominanz zu behaupten.

Auch wir zahlen einen enorm hohen Preis. Der politische Spielraum für eine eigenständige ausgleichende außenpolitische Agenda Europas wird in der zunehmenden Konfrontation zwischen den USA einerseits und China–Russland andererseits nahezu aufgerieben. Das alte Ziel der NATO scheint am Ende fast vollständig eingelöst: Amerika ist dauerhaft als Führungsmacht und atomarer Sicherheitsgarant auf dem europäischen Kontinent etabliert, Russland ist dauerhaft ausgeschlossen und Deutschland fest eingebaut und wirtschaftlich kontrolliert. Gerade die Deutschen hatten seit 1990 die günstigsten Bedingungen im Energiebereich durch Russland und ebenso einmalige Exportchancen nach China. Das kam einem Sonderstatus gleich. Jetzt wird es immer schwieriger, aus dem einmal forcierten, aber offenbar wenig erfolgreichen Sanktionssystem wieder herauszufinden. Das weltweite Netzwerk eines Austausches von technologischem Wissen, Waren, Rohstoffen, Lieferketten und Konzepten wird gerade zwischen dem euroatlantischen westlichen Block und dem neu entstehenden russisch-chinesischen Block wie mit einer Axt zerschlagen. Die sozialen, militärischen und politischen Kosten kann keiner abschätzen. Es erscheint sehr irrational, was da gerade geschieht. Wir werden Jahrzehnte brauchen, bis wieder einigermaßen funktionierende Lieferketten und Verträge in einer neu gespaltenen Welt aufgebaut werden können.

Innerhalb dieser großen politischen und weltwirtschaftlichen Katastrophe gibt es einen tragischen Spezialfall: die Wesensveränderung der Grünen. Sie waren einmal die politische Kraft, die dichter an den Zukunftsproblemen des Globus orientiert war als alle anderen Parteien. In ihrem Zentrum standen der Pazifismus und die Ökologie. Beides waren im Kern nicht moralische Attitüden, sondern politische Konzepte, die den gefährdeten Zustand der Welt ernst nahmen. Die damalige Friedensbewegung war ihrem Ansatz nach blockübergreifend und auf dialogische Kompromisse und runde Tische zwischen Ost und West angelegt. Die Ökologie nahm ernst, dass die Rettung des Planeten eine Überwindung des materialistischen Ausbeutungsverhältnisses gegenüber der Natur erfordert, in dem sich Kapitalismus und Sozialismus im Grundsatz nicht unterschieden.

Die heutigen Grünen haben allein die Menschenrechtsposition radikalisiert. So sind sie, in vermeintlich idealistischer Absicht, zu Menschenrechts-Bellizisten geworden. Sie drohen darüber ihre Hauptaufgaben zu vergessen. Um die totalitären Regime, um die verhassten Diktatoren und Kriegsverbrecher moralisch und zunehmend militärisch zu bestrafen, verzichten sie darauf, die Welt zu retten. Sie haben – anders als Fridays for Future – vergessen, dass auch die Bewahrung der Schöpfung eine pazifistische Grundhaltung erfordert. Man kann den bedrohten Planeten nur retten, wenn man alle Länder, auch Russland und China, dafür gewinnt und überzeugt. Nachdem aber die neuen, machtbewusst denkenden Grünen angesichts des Umgangs mit Gewaltherrschern den Pazifismus aufgegeben haben, sehen sie sich gezwungen, allmählich, Stück um Stück, ihre ökologischen Positionen zu räumen. Das strenge Sanktionsregime zwingt sie, den Kohleausstieg zu verschieben, den anstehenden Abschied von der Kernenergie, die Ausweisung neuer Naturschutzgebiete. Sie verabschieden sich von der Begrenzung der Rüstungsausgaben, dem Exportverbot für Rüstungsgüter in Krisengebiete.

In Wahrheit – das haben Nelson Mandela, Mahatma Gandhi und Martin Luther King bewiesen – sind auch die Menschenrechte auf Dauer nur gewaltfrei durchzusetzen. Das mag länger dauern als der Weg der Gewalt. Aber er erzeugt stabilere Gesellschaften und verringert die Zahl der Opfer und der von Krieg, Bürgerkrieg und Demütigung traumatisierten Menschen.

Es stimmt nicht, was Heiner Geißler einmal in der Hitze der Auseinandersetzung mit den Grünen sagte (und später zurücknahm): „Der Pazifismus hat Auschwitz erst möglich gemacht." Das war schon historisch falsch, denn das britische Empire, das das Münchner Abkommen von 1938 mit Hitler absegnete, war weit entfernt von pazifistischen Traditionen und Überzeugungen, es war selbst Akteur eines militärischen Weltimperiums. Meine Gegenthese lautet: „Nicht der Pazifismus hat Auschwitz möglich gemacht, sondern der Krieg." Es war der Vernichtungskrieg mit der ständigen Brutalisierung seiner Ziele, seiner Mittel, Methoden und mit der unausweichlichen Verrohung und Traumatisierung aller Beteiligten, der die Inhumanität und die Verbrechen gegen die Menschheit gebar. Ist der Krieg einmal ausgebrochen, ist niemand davon ausgenommen und kann kaum einer seine Eskalation sicher stoppen: nicht die Staatenlenker, nicht die Feldherren und Soldaten und schon gar nicht die ohnmächtigen Zivilbevölkerungen und Opfer.

Deswegen sind und bleiben Kriegsvermeidung, Kriegsverhinderung und Diplomatie zur Kriegsbeendigung die vorrangige Aufgabe von Politik.

Autorin und Autoren

Julian Nida-Rümelin, Prof. Dr. Dr. h. c.; emeritierter Lehrstuhl-inhaber für Philosophie und politische Theorie an der LMU München; Kulturstaatsminister im ersten Kabinett Schröder; Direktor am Bayerischen Institut für digitale Transformation sowie Vorstand der Parmenides Foundation und stellvertretender Vorsitzender des Deutschen Ethikrates.

Mattias Kumm, Prof. Dr.; seit 2000 Inhaber einer Professur an der New York University School of Law mit den Schwerpunkten Europarecht, Internationales Recht, Vergleichendes Verfassungsrecht und Rechtsphilosophie; Forschungsprofessur „Global Constitutionalism" am Wissenschaftszentrum Berlin für Sozialforschung.

Erich Vad, Dr.; Brigadegeneral a. D.; von 2000 bis 2006 Berater für Sicherheits- und Verteidigungspolitik im Deutschen Bundestag sowie 2006 bis 2013 u. a. Sekretär des Bundessicherheitsrates und Militärischer Berater der Bundeskanzlerin in Berlin; berufliche Stationen außerdem bei NATO und EU sowie im deutschen Verteidigungsministerium und im Auswärtigen Amt.

Albrecht von Müller, Prof. Dr., arbeitete viele Jahre als Wissenschaftler in der Max-Planck-Gesellschaft und lehrt Philosophie an der LMU München. Er war Gründungsdirektor des European Center for International Security (EUCIS). Er hat verschiedene Regierungen und Persönlichkeiten beraten, darunter Nelson Mandela und Michail Gorbatschow; Begründer der Parmenides Foundation.

Werner Weidenfeld, Prof. Dr. Dr. h. c.; Direktor des Centrums für angewandte Politikforschung (CAP) der LMU München; Berater mehrerer Bundeskanzler und mehrerer amerikanischer Präsidenten; 1987 bis 1999 Koordinator der Bundesregierung für die deutsch-amerikanische Zusammenarbeit

Antje Vollmer, Dr.; 1983 bis 1990 Mitglied der Fraktion der Grünen im Deutschen Bundestag; von 1994 bis 2005 erneut Mitglied des Deutschen Bundestages und dessen Vizepräsidentin. Heute arbeitet sie als freie Autorin zur Zeitgeschichte und zur Geschichte des Widerstands gegen die NS-Diktatur.